KB268378

잼잼

쉬운

스페인어

매일 **365**

잼잼 쉬운 스페인어 매일 365

저 자   FL4U컨텐츠
발행인   고본화
발 행   반석출판사
2026년 4월 5일 초판 1쇄 인쇄
2026년 4월 10일 초판 1쇄 발행
반석출판사 | www.bansok.co.kr
이메일 | bansok@bansok.co.kr
블로그 | blog.naver.com/bansokbooks

07547 서울시 강서구 양천로 583. B동 1007호
(서울시 강서구 염창동 240-21번지 우림블루나인 비즈니스센터 B동 1007호)
대표전화 02) 2093-3399   팩 스 02) 2093-3393
출판부 02) 2093-3395   영업부 02) 2093-3396
등록번호 제315-2008-000033호

ISBN 978-89-7172-116-2 (13770)

잼잼 쉬운 스페인어 매일 365

반석출판사

전세계적으로 가장 많이 쓰이는 언어 중 스페인어는 영어와 중국어, 힌디어 다음으로 4위를 차지하고 있습니다. 스페인어는 유럽의 스페인은 물론이고 남미의 가이아나, 수리남, 기아나, 브라질을 제외한 나머지 국가에서 쓰입니다. 미국 내에서는 영어 다음으로 스페인어가 많이 쓰이고 있으며 UN 6개 공식 언어 중 하나로 선정되어 스페인어 학습이 상당히 중요하다는 것을 알 수 있습니다. 이토록 중요한 스페인어를 어떻게 공부해야 할까요?

스페인어 공부는 날마다, 조금씩이라도 꾸준히 하는 것이 중요합니다. 의욕에 넘쳐 너무 많은 양을 날마다 공부하려고 하면 며칠 하다가 그만두고 싶어지죠. 그래서 이 책은 하루에 5개의 문장을 공부할 수 있도록 구성하였습니다. 하루에 딱 5분만 투자해서 상황에 맞는 스페인어 문장을 5개씩 익히는 정도라면 그래도 꾸준히 할 수 있지 않을까요? 그렇게 1년 정도 공부할 수 있다면 어느새 우리의 스페인어 실력은 훌쩍 자라 있을 것입니다. 만일 하루 분량의 학습에 익숙해지고, 1년보다 더 일찍 책을 마치고 싶다면 본인이 생각하기에 적당한 양대로 여러 날의 분량을 하루에 읽어도 좋습니다.

가볍고 쉽게 공부할 수 있도록 구성한 책인 만큼 들고 다니기 쉽게 아담한 크기로 제작되었습니다. 그러면서도 활자 크기가 작지 않아 젊은 층은 물론 중장년층 등 다양한 연령대의 학습자가 쉽게 볼 수 있게 구성되었습니다.

내용 면에서도 일상생활이나 여행 또는 비즈니스 등 다방면에 걸쳐 두루 활용할 수 있으며, 초급자들도 쉽게 찾아 바로바로 말할 수 있도록 스페인어 발음을 한글로 표기했습니다. 꼭 필요한 한 마디 한 마디를 정성껏 간추려 실었고, 본문 이해에 도움이 될 수 있도록 페이지 하단에는 필요한 단어들을 간추려 놓았습니다.

★ 하루에 5분! 날마다 꾸준히 공부할 수 있도록 독려하는 데일리 구성
★ 장면별 구성으로 어느 상황에서든 유용하게 쓸 수 있는 사전식 구성
★ 스페인어 초보자도 가볍게 접근할 수 있도록 한글로 발음 표기
★ 이 책 한 권으로 스페인어 초·중급회화 완전정복

모쪼록, 이 책을 접하신 모든 분들에게 유익한 교재가 되기를 진심으로 바랍니다.

❶ 하루에 5분씩! 4~5문장을 꾸준히 1년 동안 공부하여 스페인어 초·중급회화를 정복할 수 있도록 구성하였습니다.

❷ 스페인어를 잘 모르더라도 쉽게 접근할 수 있도록 스페인어 문장에 대해 가능한 한 원음에 가깝게 우리말로 발음을 표기하였습니다.

❸ 일상생활, 여행, 비즈니스 등 다양한 상황에서 활용할 수 있도록 폭넓게 다루었으며 장면별로 어느 상황에서나 유용하게 사용할 수 있도록 구성하였습니다.

❹ 원어민이 녹음한 본문 mp3 파일을 제공합니다.

(다운로드: 반석출판사 홈페이지 http://bansok.co.kr)

· 새로운 챕터가 시작될 때 해당 챕터에 대해 간단히 설명합니다.

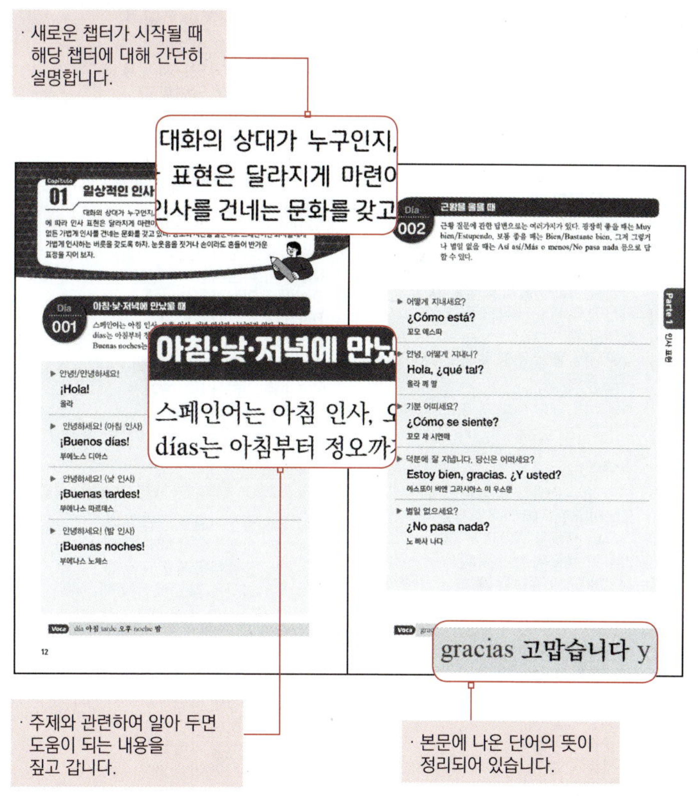

· 주제와 관련하여 알아 두면 도움이 되는 내용을 짚고 갑니다.

· 본문에 나온 단어의 뜻이 정리되어 있습니다.

목차

Parte 6 화제 표현

Capítulo 01 **개인 신상**

Capítulo 02 **가족관계**

Capítulo 03 **주거**

Capítulo 04 **우정과 이성 교제**

Capítulo 05 **데이트**

Capítulo 06 **결혼**

Capítulo 07 **직업**

Capítulo 08 **취미와 여가**

Capítulo 09 **오락과 문화**

Capítulo 10 **요리**

Capítulo 11 **건강**

Capítulo 12 **스포츠와 레저**

Capítulo 13 **외모와 패션**

Capítulo 14 **성격과 태도**

인사 표현

인간관계의 첫걸음은 인사말로부터 시작된다. 나라마다 인사법은 대개 시간, 장소, 대상에 따라 달라지게 마련이지만 인사 표현과 얼굴 표정에서 마음이 드러나게 되므로 반가움을 표현하는 것이 매우 중요하다.

대화의 상대가 누구인지, 혹은 초면인지 구면인지, 언제 어디서 만났는지 등에 따라 인사 표현은 달라지게 마련이다. 스페인어 화자들은 언제 어디서나 안면이 있든 없든 가볍게 인사를 건네는 문화를 갖고 있다. 장소와 시간을 불문하고 스페인어권 화자들에게 가볍게 인사하는 버릇을 갖도록 하자. 눈웃음을 짓거나 손이라도 흔들어 반가운 표정을 지어 보자.

Día 001 — 아침·낮·저녁에 만났을 때

스페인어는 아침 인사, 오후 인사, 저녁 인사가 나뉘어져 있다. Buenos días는 아침부터 정오까지, Buenas tardes는 정오부터 해 질 무렵까지, Buenas noches는 해가 진 후부터 밤새도록 사용한다.

▶ 안녕!/안녕하세요!

¡Hola!

올라

▶ 안녕하세요! (아침 인사)

¡Buenos días!

부에노스 디아스

▶ 안녕하세요! (낮 인사)

¡Buenas tardes!

부에나스 따르데스

▶ 안녕하세요! (밤 인사)

¡Buenas noches!

부에나스 노체스

Voca día 아침 tarde 오후 noche 밤

근황을 물을 때

근황 질문에 관한 답변으로는 여러가지가 있다. 굉장히 좋을 때는 Muy bien/Estupendo, 보통 좋을 때는 Bien/Bastante bien, 그저 그렇거나 별일 없을 때는 Así así/Más o menos/No pasa nada 등으로 답할 수 있다.

▶ 어떻게 지내세요?

¿Cómo está?

꼬모 에스따

▶ 안녕, 어떻게 지내니?

Hola, ¿qué tal?

올라 께 딸

▶ 기분 어떠세요?

¿Cómo se siente?

꼬모 세 시엔떼

▶ 덕분에 잘 지냅니다. 당신은 어떠세요?

Estoy bien, gracias. ¿Y usted?

에스또이 비엔 그라시아스 이 우스뗻

▶ 별일 없으세요?

¿No pasa nada?

노 빠사 나다

Voca gracias 고맙습니다 y 그리고

ver는 "보다"라는 뜻이다. 하지만 "~하게 보이다"라고 표현할 때도 쓰이는데 이 경우에는 verse+형용사 형태로 쓰인다. 또한 parecer+형용사도 "~하게 보이다"라는 의미이다.

▶ 좋아 보이네요.

Se ve muy bien.

쎄 베 무이 비엔

▶ 전보다 훨씬 좋아 보이네요.

Se ve mejor que antes.

쎄 베 메호르 께 안떼스

▶ 피곤해 보이네요.

Parece cansado.

빠레쎄 깐사도

▶ 창백해 보이네요.

Se ve pálido.

쎄 베 빨리도

▶ 기운이 없어 보이네요.

Se ve deprimido.

쎄 베 데프리미도

Voca bien 좋은 mejor 보다 나은

처음 만났을 때의 인사

스페인어에도 존칭 표현이 있다. tú는 "너"라는 의미로 친구 사이나 비슷한 또래의 사람들에게 자주 쓰고 usted은 "당신"이라는 의미로 공적인 관계나 웃어른께 쓰는 표현이다.

▶ 처음 뵙겠습니다.

Mucho gusto.

무초 구스또

▶ 만나서 반갑습니다.

Encantado de conocerle.

엔깐따도 데 꼬노쎄를레

▶ 알게 되어 기쁩니다.

Es un placer conocerle.

에스 운 쁠라세르 꼬노쎄를레

▶ 만나 뵙게 되어 대단히 반갑습니다.

Me alegra conocerle.

메 알레그라 꼬노쎄를레

▶ 만나 뵙게 되어 영광입니다.

Es un honor para mí conocerle.

에스 운 오노르 빠라 미 꼬노쎄를레

Voca mucho 많은 conocer (사람을) 알다

이름을 묻고 답할 때

이름을 물을 때는 ¿Cómo se llama? 혹은 ¿Cuál es su nombre?라고 말할 수 있다. 첫 번째 표현은 llamar "부르다"와 재귀의 se가 결합한 형태인 llamarse 동사가 활용된 것이다. 두 번째 표현은 "당신의 이름은 무엇인가요?"라고 직접적으로 말하는 표현이다.

▶ 이름이 어떻게 되죠?

¿Cómo se llama?

꼬모 쎄 야마

▶ 성함이 어떻게 되십니까?

¿Cuál es su nombre?

꾸알 에스 수 놈브레

▶ 성은 홍입니다.

Mi apellido es Hong.

미 아뻬이도 에스 홍

▶ 수라고 불러 주세요.

Me llamo Sue.

메 야모 수

▶ 이름이 뭐라고 하셨죠?

Perdón, ¿cómo se llama?

뻬르돈 꼬모 쎄 야마

Voca nombre 이름 apellido 성

이야기를 들었거나 낯익은 사람을 만났을 때

ver는 "보다"라는 의미로 상호의 se와 결합을 하면 "서로 보다"라는 의미를 지닌다. 동사가 주어에 맞게 변화하듯이 se도 동사에 따라 변화한다. (me/te/se/nos/os/se)

▶ 전에 만난 적 있지 않나요?

¿No nos hemos visto antes?

노 노스 에모스 비스또 안떼스

▶ 말씀 많이 들었습니다.

He oído mucho sobre usted.

에 오이도 무초 소브레 우스뗄

▶ 밀러 씨가 당신 이야기를 많이 하더군요.

El señor Miller me ha hablado mucho de usted.

엘 쎄뇨르 밀레르 메 아 아블라도 무초 데 우스뗄

▶ 만나 뵙고 싶었습니다.

Tenía ganas de conocerle.

떼니아 가나스 데 꼬노쎄를레

▶ 당신 낯이 익은데요.

Su cara me resulta familiar.

수 까라 메 레술따 빠밀리아르

Voca hablar de A A에 대해서 말하다 cara 얼굴

오랜만에 만났을 때 표현은 다양하다. ¡Cuánto tiempo!, ¡Hace mucho que no nos vemos!, Me alegra mucho volver a verle. 등이 있으며 정말 짧게는 ¡Tanto tiempo!라고도 말할 수 있다.

Día 007

오랜만의 만남일 때

cuánto는 영어로 how many/much에 해당하는 단어이다. 오랜만에 만났을 때도 사용하고 가격을 물어볼 때나 이외의 숫자에 관한 질문을 할 때 사용한다.

▶ 오랜만입니다, 그렇죠?

Cuánto tiempo, ¿verdad?

꾸안또 띠엠뽀 베르닫

▶ 여전하군요.

Sigue igual que siempre.

시게 이구알 께 씨엠쁘레

▶ 당신 몰라보게 변했군요.

Ha cambiado tanto que casi no le reconozco.

아 깜비아도 딴또 께 까시 노 레 레꼬노스꼬

▶ 참 오랜만이군요.

De verdad, cuánto tiempo ha pasado.

데 베르닫 꾸안또 띠엠뽀 아 빠사도

Voca　tiempo 시간　cambiar 변화하다

우연히 만났을 때

스페인어에서는 물음표와 느낌표를 앞뒤로 써주며 앞에 쓸 때는 위아래를 거꾸로 쓴다. 이는 문장의 시작부터 이 문장이 어떠한 성격을 지녔는지 알려주기 위함이다.

▶ 아니 이게 누구세요!

¡Mira quién es!

미라 끼엔 에스

▶ 세상 정말 좁군요!

¡Qué pequeño es el mundo!

께 뻬께뇨 에스 엘 문도

▶ 여기서 당신을 만나다니 뜻밖이군요.

Qué sorpresa encontrarle aquí.

께 소르쁘레사 엔꼰뜨라를레 아끼

▶ 여기에 어쩐 일로 오셨어요?

¿Qué le trae por aquí?

께 레 뜨라에 뽀르 아끼

▶ 우리 전에 만난 적이 있지 않습니까?

¿No nos hemos visto antes?

노 노스 에모스 비스또 안떼스

Voca mirar 보다 sorpresa 놀라움

스페인어권에서는 사람을 만나면 안부를 묻는 인사 없이 바로 본론으로 들어가는 걸 무례하게 여길 수 있다. 그래서 형식적인 인사를 할 때도 안부를 꼭 묻는 것이 좋다.

▶ 어떻게 지내셨습니까?

¿Cómo ha estado?

꼬모 아 에스따도

▶ 어떻게 지내셨습니까?

¿Cómo le ha ido?

꼬모 레 아 이도

▶ 요즘 어떻게 지내고 계세요?

¿Cómo está, estos días?

꼬모 에스따스 에스또스 디아스

▶ 대체 어디서 지내셨어요?

¿Dónde ha estado?

돈데 아 에스따도

▶ 도대체 그동안 어디서 지내셨어요?

¿Dónde ha estado metido?

돈데 아 에스따도 메띠도

Voca cómo 어떻게 estos días 요즘

타인의 안부를 물을 때

¿Cómo estás (tú)?는 가장 잘 알려진 스페인어 인사 표현으로 주어 tú 가 생략된 표현이다. usted이 생략되면 ¿Cómo está (usted)?가 된다. (estoy/estás/está/estamos/estáis/están)

▶ 가족들은 안녕하신지요?

¿Cómo está su familia?

꼬모 에스따 수 빠밀리아

▶ 부모님께서는 평안하신지요?

¿Sus padres se encuentran bien?

수스 빠드레스 쎄 엔꾸엔뜨란 비엔

▶ 모두들 잘 지내시는지요?

¿Todos están bien?

또도스 에스딴 비엔

▶ 존은 어떻게 됐어요?

¿Qué le pasó a John?

께 레 빠소 아 존

▶ 그는 어떻게 지내고 있지요?

¿Cómo está él?

꼬모 에스따 엘

Voca familia 가족 encontrarse 있다

Hasta luego/Adiós/Hasta pronto 등 스페인어 작별 인사는 다양하다. 친밀한 관계라면 Nos vemos라는 표현을 주로 쓴다.

Día 011 · 헤어질 때

스페인에는 dos besos(두 번의 뽀뽀)라는 흔한 인사 방식이 있다. 친구나 가족과 같이 친밀한 경우, 그리고 이성 간 혹은 여자들 사이에서 주로 사용된다. 남자들끼리는 악수를 하거나 포옹을 하는 것이 일반적이다.

▶ 안녕.

Adiós.

아디오스

▶ 안녕히 가세요.

Hasta luego.

아스따 루에고

▶ 그럼, 이만.

Me voy.

메 보이

▶ 안녕히 계세요./살펴 가세요.

Cuídese/Que le vaya bien.

꾸이데세/께 레 바야 비엔

Voca irse 떠나다 divertirse 즐기다

다시 만날 약속을 할 때

Nos vemos는 영어의 See you와 대응되는 표현으로 이를 응용한 See you tomorrow는 스페인어로 Nos vemos mañana라고 한다.

▶ 나중에 보자.

Nos vemos.

노스 베모스

▶ 내일 봐요.

Nos vemos mañana.

노스 베모스 마냐나

▶ 또 만납시다.

Volvamos a vernos.

볼바모스 마 베르노스

▶ 또 봅시다!

¡Hasta luego!

아스따 루에고

▶ 다음에 뵙겠습니다.

Hasta la próxima.

아스따 라 쁘록시마

Voca   mañana 내일   volver a 동사 원형 다시 ~하다

안부를 전할 때

saludos는 "인사", "안부"라는 의미로 transmitir saludos라고하면 "안부를 전하다"라는 표현이 된다. 편지글에서도 정중하게 마치는 표현으로 saludos를 쓰기도 한다.

▶ 당신 아내에게 안부 좀 전해 주세요.

Por favor, transmítale mis saludos a su esposa.

뽀르 빠보르 뜨란스미딸레 미스 살루도스 아 수 에스뽀사

▶ 당신 가족에게 안부 좀 전해 주세요.

Por favor, transmítale mis saludos a su familia.

뽀르 빠보르 뜨란스미딸레 미스 살루도스 아 수 빠밀리아

▶ 아무쪼록 가족에게 안부 부탁합니다.

Le agradecería que transmitiera mis saludos a su familia.

레 아그라데쎄리아 께 뜨란스미띠에라 미스 살루도스 아 수 빠밀리아

▶ 그녀를 늘 생각하고 있다고 전해 주세요.

Por favor, dígale que siempre pienso en ella.

뽀르 빠보르 디갈레 께 시엠쁘레 삐엔소 엔 에야

Voca saludos 안부 esposa 아내 familia 가족

Día
014

배웅할 때

desear 동사는 "~을 희망하다", "소망하다"라는 의미로 1인칭 단수 직설법 현재 변화 표현이 deseo이다. 그리고 "희망", "소망"이라는 명사 또한 deseo이니 헷갈리지 않게 주의하자.

▶ 행운이 있으시길!

¡Le deseo mucha suerte!

레 데세오 무차 수에르떼

▶ 즐겁게 다녀오세요.

Que disfrute del viaje.

께 디스뿌르떼 델 비아헤

▶ 잘 다녀오세요. 멋진 경험이 되길 바랍니다.

Le deseo un buen viaje. Espero que sea una experiencia maravillosa.

레 데세오 운 부엔 비아헤 에스뻬로 께 세아 우나 엑스페리엔시아 마라비요사

▶ 즐거운 여행이 되길.

Le deseo un viaje agradable.

레 데세오 운 비아헤 아그라다블레

▶ 빨리 돌아와. 네가 보고 싶을 거야.

Vuelva pronto. Le echaré de menos.

부엘바 쁘론또 레 에차레 데 메노스

Voca suerte 운 viaje 여행

04 소개할 때의 표현

영어와 스페인어가 비슷하기 때문에 영어의 introduce와 비슷한 스페인어 in-troducir를 "소개하다"로 착각하기 쉽다. 하지만 introducir는 "도입하다"의 의미에 가깝다. 스페인어로 "소개하다"는 presentar를 사용한다.

Día 015 — 자신을 상대방에게 소개할 때

presentar a alguien은 "~를 소개하다"라는 표현이다. 스스로를 소개할 때는 alguien 자리에 me라는 "나"에 해당하는 직접 목적어를 넣고 동사 앞에 위치시켜주고, presentar는 1인칭 단수 직설법 현재 표현에 맞게 presento로 고쳐서 me presento라는 표현이 나온다.

▶ 제 소개를 할까요?

¿Me presento?

메 쁘레센또

▶ 저는 박입니다. 잘 부탁합니다.

Me llamo Park. Encantado.

메 야모 박 엔깐따도

▶ 제 소개를 하도록 하겠습니다.

Voy a presentarme.

보이 아 쁘레센따르메

▶ 먼저, 제 소개를 하도록 하겠습니다.

Primero, voy a presentarme.

쁘리메로 보이 아 쁘레센따르메

Voca ｜ presentar 소개하다 ｜ primero 처음으로, 먼저

Día 016 · 자신에 대해 구체적으로 소개할 때

출신을 얘기할 때 ser de 출신지라는 표현을 쓴다. soy는 ser 동사의 1인칭 단수 직설법 현재 표현으로 "나는 한국 출신이다"는 soy de Corea라고 말한다.

▶ 저는 ABC회사에서 일하고 있는 탐 스미스입니다.

Soy Tom Smith y trabajo en la empresa ABC.

쏘이 탐 스미스 이 뜨라바호 엔 라 엠쁘레사 아베쎄

▶ 안녕하십니까, 제 이름은 홍길동입니다. 저는 한국에서 왔습니다.

Hola, me llamo Kil-dong Hong. Soy de Corea.

올라 메 야모 길동 홍 쏘이 데 꼬레아

▶ 저는 한국의 서울에서 왔습니다.

Soy de Seúl, Corea.

쏘이 데 세울 꼬레아

▶ 저는 스페인 시민권자입니다.

Soy ciudadano de España.

쏘이 씨우다다노 데 에스빠냐

▶ 저는 한국에서 태어났으나 스페인 시민권자입니다.

Nací en Corea, pero soy ciudadano de España.

나씨 엔 꼬레아 뻬로 쏘이 씨우다다노 데 에스빠냐

Voca empresa 회사, 기업 Seúl 서울 Corea 한국

다른 사람을 소개할 때의 기본 표현

스페인에서 사람을 소개할 때 유의할 점이 있다. 스페인 사람들은 대화의 시작이 인상 깊기를 원하기 때문에 소개할 때 상대방에 대한 간단한 설명을 덧붙이면 좋다. 예를 들면, Ella es Ana, trabaja conmigo en la universidad. "이 사람은 아나인데, 나랑 대학에서 일해."라고 하며 눈을 보고 인사를 하고 작은 칭찬도 자연스럽게 곁들여주면 더 좋다.

▶ 두 분이 서로 인사 나누셨습니까?

¿Ya se han saludado ustedes dos?

야 쎄 안 살루다도 우스떼데스 도스

▶ 김 씨, 밀러 씨하고 인사 나누세요.

Señor Kim, salude al señor Miller, por favor.

쎄뇨르 김 살루데 알 쎄뇨르 밀레르 뽀르 빠보르

▶ 이쪽은 제 동료인 토마스 씨입니다.

Este es mi compañero, Thomas.

에스떼 에스 미 꼼빠녜로 토마스

▶ 제 친구 존슨을 소개하겠습니다.

Le presento a mi amigo, Johnson.

레 쁘레센또 아 미 아미고 존슨

▶ 존슨이 당신에 대해 자주 말씀하셨습니다.

Johnson me ha hablado a menudo de usted.

존슨 메 아 아블라도 아 메누도 데 우스뗄

Voca　saludar 인사하다　compañero 동료

상대방을 알기 위한 질문 표현

이름을 말할 때 llamarse 동사를 활용하여 Me llamo ○○○. "내 이름은 ○○○입니다."라고 말할 수 있다. 하지만 nombre "이름"이라는 단어를 활용하여 ¿Cuál es su nombre? "당신의 이름은 무엇입니까?"라고 물어볼 수 있고 답변으로는 Mi nombre es ○○○. "제 이름은 ○○○입니다."라고 말할 수도 있다.

▶ 어디서 오셨습니까?

¿De dónde viene?

데 돈데 비에네

▶ 국적이 어디시죠?

¿Cuál es su nacionalidad?

꾸알 에스 수 나시오날리닫

▶ 당신은 한국인입니까?

¿Es usted coreano?

에스 우스뎉 꼬레아노

▶ 이름이 어떻게 되십니까?

¿Cómo se llama?

꼬모 쎄 야마

▶ 당신 친구의 이름은 무엇입니까?

¿Cómo se llama su amigo?

꼬모 세 야마 수 아미고

Voca venir 오다 nacionalidad 국적

어느 곳에서나 마찬가지로 감사함을 표현할 때는 말로 감사인사를 하면서 미소를 짓고 진심으로 표현해 주는 것이 좋다. 스페인어로 Eres un sol. "너는 태양이야.", Te debo una. "신세를 졌어.", ¡Qué haría sin ti! "너 없었으면 어쩔 뻔 했어!" 등등 유쾌하고 다양하게 고마움을 표시해보자.

Día 019 고마울 때

감사함을 표현하는 가장 기본적인 표현은 Gracias이다. 이를 활용한 다양한 표현도 있다. Muchas gracias. "정말 고맙습니다.", Muchísimas gracias. "진심으로 매우 감사합니다."로 Gracias보다 더 큰 감사함을 표현할 수 있다.

▶ 감사합니다.

Gracias.

그라시아스

▶ 대단히 감사합니다.

Muchas gracias.

무차스 그라시아스

▶ 진심으로 감사드립니다.

Le agradezco sinceramente.

레 아그라데스꼬 신쎄라멘떼

▶ 어떻게 감사를 드려야 할지 모르겠어요.

No sé cómo expresarle mi agradecimiento.

노 쎄 꼬모 엑스쁘레사를레 미 아그라데씨미엔또

Voca agradecer 감사함을 표하다 expresar 표현하다

친절과 수고에 대해 감사할 때

감사함을 표현하는 gracias 뒤에 por라는 전치사를 붙여주고 뒤에 고마운 일을 붙여주면 "~에 감사하다"라는 표현이 된다. 단순히 gracias 를 쓰기보다 뒤에 고마운 내용을 붙여주면 보다 성의 있게 감사함을 표현할 수 있다.

▶ 환대에 감사드립니다.

Gracias por su hospitalidad.

그라시아스 뽀르 수 오스삐딸리닫

▶ 친절을 베풀어 주셔서 감사합니다.

Gracias por su amabilidad.

그라시아스 뽀르 수 아마빌리닫

▶ 그렇게 말씀해 주시니 고맙습니다.

Le agradezco sus palabras.

레 아그라데스꼬 수스 빨라브라스

▶ 친절에 감사드립니다.

Le agradezco su amabilidad.

레 아그라데스꼬 수 아마빌리닫

▶ 당신은 정말 사려 깊으시군요.

Es muy considerado.

에스 무이 꼰시데라도

Voca hospitalidad 환대 amabilidad 친절함

도움이나 행동에 대해 감사할 때

llevar는 "사물을 지니다", "사람을 데려다주다"의 의미로도 쓰이고 lle-var+시간 형태로 쓰이면 "시간을 보내다"라는 의미로도 쓰인다. Ana lleva dos meses en Madrid. "아나는 마드리드에 두 달 동안 있었다."

▶ 도와주셔서 감사합니다.

Gracias por ayudarme.

그라시아스 뽀르 아유다르메

▶ 가르쳐 줘서 감사합니다.

Gracias por enseñarme.

그라시아스 뽀르 엔세냐르메

▶ 태워다 주셔서 감사합니다.

Gracias por llevarme.

그라시아스 뽀르 예바르메

▶ 여러모로 고려해 주셔서 정말 고맙게 생각합니다.

Estoy muy agradecido por toda su consideración.

에스또이 무이 아그라데씨도 뽀르 또다 수 꼰시데라시온

▶ 보답해 드릴 수 있으면 좋겠어요.

Espero poder recompensarle de alguna manera.

에스뻬로 뽀데르 레꼼뻰사를레 데 알구나 마네라

Voca ayudar 돕다 enseñar 가르치다 llevar 데려가다

감사의 선물을 줄 때

regalo는 "선물"이라는 단어로 이에 대한 동사로는 regalar "선물을 하다"가 있다. detalle는 "세부사항", "디테일"에 해당하는 단어인데 "작은 선물"로도 사용된다.

▶ 자, 선물 받으세요.

Aquí tiene, le traigo un regalo.

아끼 띠에네 레 뜨라이고 운 레갈로

▶ 당신에게 드리려고 뭘 사 왔어요.

He comprado algo para usted.

에 꼼쁘라도 알고 빠라 우스뗃

▶ 당신에게 줄 조그만 선물입니다.

Es un pequeño detalle para usted.

에스 운 뻬께뇨 데따예 빠라 우스뗃

▶ 이 선물은 제가 직접 만든 거예요.

Este regalo lo he hecho yo mismo.

에스떼 레갈로 로 에 에초 요 미스모

▶ 대단치 않지만, 마음에 들었으면 합니다.

No es gran cosa, pero espero que le guste.

노 에스 그란 꼬사 뻬로 에스뻬로 께 레 구스떼

Voca regalo 선물 traer 가져오다 comprar 사다, 구매하다

감사의 선물을 받았을 때

sorpresa는 "놀람"의 의미이다. 하지만 그 자체로 때로는 "깜짝 선물"의 의미를 지니기도 한다. 또한 깜짝 파티는 "파티"라는 fiesta의 sorpresa를 붙여 fiesta sorpresa라고 한다. 이외에도 다양한 동사와 활용될 수 있다.

▶ 놀랐어요! 고맙습니다.

¡Qué sorpresa! Muchas gracias.

께 쏘르쁘레사 무차스 그라시아스

▶ 멋진 선물 고맙습니다. 열어 봐도 될까요?

Gracias por este regalo tan bonito. ¿Puedo abrirlo?

그라시아스 뽀르 에스떼 레갈로 딴 보니또 뿌에도 아브리를로

▶ 이건 바로 제가 갖고 싶었던 거예요.

Esto es justo lo que quería.

에스또 에스 후스또 로 께 께리아

▶ 당신의 선물을 무엇으로 보답하죠?

¿Cómo podría corresponder a su regalo?

꼬모 뽀드리아 꼬레스뽄데르 아 수 레갈로

▶ 고마워요, 이렇게까지 안 하셔도 되는데.

Gracias, no tenía por qué haberse molestado.

그라시아스 노 떼니아 뽀르 께 아베르쎄 몰레스따도

Voca bonito 이쁜, 멋진 abrir 열다 corresponder 대응하다, 상응하다

감사에 대해 응답할 때

Gracias라는 감사 인사에 흔히 쓰는 응답 표현은 De nada. "천만에요."
다. 이 외에도 No hay de qué. "천만에요.", Ha sido un placer. "제가
더 기쁘죠. Con mucho gusto. "기꺼이요.", Está bien. "괜찮아요.",
Para eso estamos. "그걸 하기 위해 저희가 있는 거죠." 등이 쓰인다.

▶ 천만에요.

De nada.

데 나다

▶ 원 별말씀을요./천만의 말씀입니다.

Por favor, no es nada.

뽀르 빠보르 노 에스 나다

▶ 그렇게 말씀해 주시니 고맙습니다.

Gracias por decir eso.

그라시아스 뽀르 데씨르 에소

▶ 제가 오히려 고맙죠.

Al contrario, soy yo quien le da las gracias.

알 꼰뜨라리오 쏘이 요 끼엔 레 다 라스 그라시아스

▶ 제가 오히려 즐거웠습니다.

El gusto ha sido mío.

엘 구스또 아 씨도 미오

Voca nada 아무것도 아닌 것 al contrario 반대로

스페인에서 사과할 때는 짧고 분명하게 하는 것이 자연스럽다. Perdón(실수하거나 부딪혔을 때), Lo siento(기분을 상하게 했을 때), Disculpe(정중하고 공식적인 상황에서) 등의 표현을 사용한다. 또한 비언어적 표현(표정이나 몸짓)도 잘 활용하면 진심이 더 잘 전달된다.

Día 025 · 미안함을 표시할 때

Perdón이나 Lo siento가 미안함을 표시할 때 가장 많이 활용된다. mil 이라는 단어는 숫자 "1000"을 의미하는데 고마움이나 미안함을 강조할 때도 활용된다.

▶ 실례합니다./미안합니다.

Perdón.

뻬르돈

▶ 미안합니다.

Lo siento.

로 씨엔또

▶ 정말 죄송합니다.

Lo siento mucho.

로 씨엔또 무초

▶ 대단히 죄송합니다.

Le pido mil disculpas.

레 삐도 밀 디스꿀빠스

Voca mil (숫자)천, 1000 disculpa 사과, 사죄

실례한다고 말할 때

사람들이 모여 있거나 줄을 서 있을 때, 가장 일반적인 "실례합니다."의 표현인 Perdón도 좋지만 Con permiso도 빈번하게 사용한다. 혹은 직역하여 ¿Puedo pasar? "지나가도 될까요?"라는 표현도 쓰니 알아두고 다양하게 사용해보자.

▶ 실례지만, 미국 분입니까?

Perdón, ¿es usted estadounidense?

뻬르돈 에스 우스뗃 에스따도우니덴세

▶ 실례지만, 지나가도 될까요?

Disculpe, ¿puedo pasar?

디스꿀뻬 뿌에도 빠사르

▶ 말씀 중에 실례지만,

Perdón por interrumpir, pero

뻬르돈 뽀르 인떼룸삐르 뻬로

▶ 실례지만, 성함을 여쭤도 될까요?

Perdón, ¿podría preguntarle su nombre?

뻬르돈 뽀드리아 쁘레군따를레 수 놈브레

▶ 잠시 실례하겠습니다, 금방 돌아오겠습니다.

Disculpe un momento, ya vuelvo enseguida.

디스꿀뻬 운 모멘또 야 부엘보 엔쎄기다

Voca   estadounidense 미국의, 미국인   interrumpir 중단하다

사과의 이유를 말할 때

사과의 이유를 말할 때는 사과 표현인 Lo siento 뒤에 por를 붙여 말한다. Lo siento por llegar tarde. "늦어서 죄송합니다.", Lo siento por lo que dije. "제가 한 말에 대해 죄송합니다.", Lo siento por el error. "실수해서 죄송합니다." por 뒤에는 명사나 대명사 혹은 동사 원형이 온다.

▶ 늦어서 미안합니다.

Lo siento por llegar tarde.

로 씨엔또 뽀르 예가르 따르데

▶ 실례했습니다, 사람을 잘못 봤습니다.

Disculpe, he cometido un error al confundirle con alguien más.

디스꿀뻬 에 꼬메띠도 운 에로르 알 꼰뿐디를레 꼰 알기엔 마스

▶ 그 점에 대해서 미안합니다.

Lamento mucho ese asunto.

라멘또 무초 에세 아순또

▶ 귀찮게 해서 미안합니다.

Disculpe por incomodarle.

디스꿀뻬 뽀르 인꼬모다를레

▶ 오래 기다리게 해서 미안합니다.

Disculpe por la larga espera.

디스꿀뻬 뽀를 라 라르가 에스뻬라

Voca llegar 도착하다 tarde 늦은 cometer 저지르다, 범하다

실수를 했을 때

culpa와 error 두 단어 모두 실수나 잘못을 표현할 때 쓰지만 그 의미와 사용 맥락에서 약간의 차이가 있다. culpa는 Es mi culpa. "그건 내 잘못입니다."처럼 책임이나 잘못을 의미한다. error는 Fue un error de cálculo. "그건 계산 실수였어요."처럼 단순 실수나 오류 등을 의미한다. 이렇게 두 단어는 유사하지만 맥락이나 강도의 차이가 있으니 유의하자.

▶ 제가 실수를 했습니다.

He cometido un error.

에 꼬메띠도 운 에로르

▶ 그것은 저희의 잘못이었습니다.

Eso fue nuestra culpa.

에소 뿌에 누에스뜨라 꿀빠

▶ 실수에 대해 사과드립니다.

Le pido disculpas por el error.

레 삐도 디스꿀빠스 보르 엘 에로르

▶ 미안해요, 어쩔 수가 없었어요.

Lo siento, no tenía otra opción.

로 씨엔또 노 떼니아 오뜨라 옵시온

▶ 미안합니다, 제가 날짜를 혼동했군요.

Perdón, he confundido la fecha.

뻬르돈 에 꼰분디도 라 뻬차

Voca error 실수 culpa 잘못 fecha 날짜

잘못을 인정할 때

correcto는 "정확한"이라는 표현이다. incorrecto는 그 반대 의미인 "부정확한", "틀린"의 의미이다. 스페인어에서 in-이 붙어 의미가 반대가 되는 경우가 있다. útil "유용한", "쓸모 있는" – inútil "쓸모 없는", visible "보이는" – invisible "보이지 않는"이 대표적인 경우이다.

▶ 내가 말을 잘못했습니다.

He dicho algo incorrecto.

에 디초 알고 인꼬렉또

▶ 내 잘못이었어요.

Fue mi culpa.

뿌에 미 꿀빠

▶ 그건 제가 생각이 부족했기 때문이에요.

Fue porque no lo pensé lo suficiente.

뿌에 뽀르께 노 로 뻰소 로 수삐씨엔떼

▶ 제 부주의였습니다.

Fue por mi descuido.

뿌에 뽀르 미 데스꾸이도

▶ 진심이 아닙니다.

No era mi intención.

노 에라 미 인뗀시온

Voca algo 어떤 것, 무언가 *incorrecto* 부정확한 *suficiente* 충분한

용서를 구할 때

사과를 하고 용서를 구할 때 pedir disculpas라는 표현이 사용된다. 직역하면 "용서를 요청하다"의 의미이고 정중하고 격식 있는 사과의 표현이다. 친구나 가족 연인 사이에서는 Perdóname라는 표현도 많이 사용하는데 perdonar는 "용서하다"의 의미이고 이를 명령형으로 쓴 표현이 Perdóname. "나를 용서해."다.

▶ 용서해 주십시오.

Le ruego que me perdone.

레 루에고 께 메 뻬르도네

▶ 저의 사과를 받아 주세요.

Por favor, acepte mis disculpas.

뽀르 빠보르 아쎕떼 미스 디스꿀빠스

▶ 다시는 그런 일이 없을 겁니다.

Le aseguro que no volverá a ocurrir.

레 아쎄구로 께 노 볼베라 아 오꾸리르

▶ 늦어서 죄송합니다.

Lo siento por llegar tarde.

로 씨엔또 뽀르 예가르 따르데

▶ 한번 봐 주십시오.

Le pido que me dé una oportunidad.

레 삐도 께 메 데 우나 오뽀르뚜니닫

Voca rogar 간청하다, 부탁하다 aceptar 받아들이다 ocurrir 발생하다

사과의 말에 응답할 때

상대방이 사과했을 때 다음과 같은 표현들로 응답할 수 있다. No hay problema. "문제 없어요.", No pasa nada. "별 일 아니에요.", Está bien, no se preocupe. "괜찮아요, 걱정 마세요."

▶ 괜찮습니다.

Está bien.

에스따 비엔

▶ 걱정하지 마세요.

No se preocupe.

노 쎄 쁘레오꾸뻬

▶ 그까짓 것 문제 될 것 없습니다.

No es nada grave, no se preocupe por eso.

노 에스 나다 그라베 노 쎄 쁘레오꾸뻬 뽀르 에소

▶ 뭘요, 괜찮습니다./힘들지 않아요.

Estoy bien, no ha sido difícil.

에스또이 비엔 노 아 씨도 디삐실

▶ 당신을 용서하겠어요.

Le perdono.

레 뻬르도노

Voca preocuparse 걱정하다 grave 심각한

07 축하와 환영의 표현

흔히 쓰는 축하 표현은 ¡Felicidades!, ¡Enhorabuena!가 있다. 생일이나 결혼식 등에는 ¡Felicidades!, 시험합격이나 취직, 출산 때는 ¡Enhorabuena!를 쓴다

Parte 1 인사 표현

Día 032 축하할 때

구체적인 내용을 축하할 때는 Felicidades por~ 표현을 쓰면 된다. ¡Felicidades por su boda! "결혼 축하 드려요!", ¡Felicidades por su nuevo trabajo! "취직 축하 드려요!", ¡Felicidades por su graduación! "졸업 축하 드려요!"

▶ 해냈군요! 축하합니다!

¡Lo ha conseguido! ¡Felicidades!

로 아 꼰세기도 뻴리씨다데스

▶ 승진을 축하합니다!

¡Felicidades por su ascenso!

뻴리씨다데스 뽀르 수 아쎈소

▶ 생일을 축하합니다!

¡Feliz cumpleaños!

뻴리스 꿈뽈레아뇨스

▶ 놀랐지? 생일 축하해!

¿Te he sorprendido? ¡Feliz cumpleaños!

떼 에 소르쁘렌디도 뻴리스 꿈뽈레아뇨스

Voca conseguir 얻다, 해내다 cumpleaños 생일

축복을 기원할 때

다양한 상황에서 축하 및 기념 표현은 다음과 같다. ¡Feliz cumpleaños! "생일 축하해요!" ¡Feliz Navidad! "메리 크리스마스!", ¡Feliz Año Nuevo! "새해 복 많이 받으세요!"

▶ 새해 복 많이 받으세요!

¡Feliz Año Nuevo!

뻴리스 아뇨 누에보

▶ 새해에는 모든 행운이 깃들기를!

Le deseo todo lo mejor para el Año Nuevo!

레 데세오 또도 엘 메호르 빠라 엘 아뇨 누에보

▶ 더 나은 해가 되길 바랍니다!

¡Que este año sea mejor que el anterior!

께 에스떼 아뇨 쎄아 메호르 께 엘 안떼리오르

▶ 당신에게 신의 축복이 있기를!

¡Que Dios le bendiga!

께 디오스 레 벤디가

▶ 모든 일이 잘되기를 바라요.

Ojalá todo le salga bien.

오할라 또도 레 살가 비엔

Voca　Año Nuevo 새해

환영할 때

스페인어에서 환영할 때 가장 대표적인 표현은 Bienvenido다. 하지만 이를 사용할 때 주의할 것은 환영 받는 이의 성별과 수를 고려해야 한다는 점이다. 남성을 환영할 때는 ¡Bienvenido!, 여성을 환영할 때는 ¡Bienvenida!라고 말해야 한다. 그리고 남성들만 혹은 남성과 여성을 환영할 때는 ¡Bienvenidos! 여성들만 환영할 때는 ¡Bienvenidas!라고 말해야 한다.

▶ 정말 환영합니다.

Bienvenido de todo corazón.

비엔베니도 데 또도 꼬라손

▶ 서울에 오신 것을 환영합니다.

Bienvenido a Seúl.

비엔베니도 아 세울

▶ 저희 집에 오신 것을 환영합니다.

Bienvenido a mi casa.

비엔베니도 아 미 까사

▶ 한국에 오신 것을 환영합니다.

Bienvenido a Corea.

비엔베니도 아 꼬레아

▶ 이곳이 마음에 들기를 바랍니다.

Espero que este lugar sea de su agrado.

에스뻬로 께 에스떼 루가르 쎄아 데 수 아그라도

Parte 1 인사 표현

Voca corazón 심장 de todo corazón 진심으로

45

Ok!
¡Sí! 씨

Good!
¡Bien! 비엔

아뿔싸!
¡Vaya! 바야

No!
¡No! 노

나가!
¡Fuera de aquí!
뿌에라 데 아끼

아무것도 없어요!
No tengo nada.
노 뗑고 나다

화술 표현

자신의 의사를 표현할 경우 상대방이 누구인지 아니면 어떤 상황에 처해 있는지에 따라 대화가 달라진다. 따라서 상대방을 배려하거나 예의를 갖추는 것이 매우 중요하다.

스페인에서 사람을 부르는 표현은 다양하다. tío, tía는 스페인에서 친한 친구나 형, 오빠, 누나, 언니 등을 부를 때 사용한다. (원 뜻은 삼촌, 이모) 이 외에도 연인끼리는 mi amor, cariño, cielo 등으로 부르기도 한다.

Día 035 · 사람을 부를 때

oye는 oír "듣다" 동사의 2인칭 단수 명령형이다. oiga는 oír의 3인칭 단수 명령형이다.

▶ 저기요!

¡Disculpe!

디스꿀뻬

▶ 어이, 친구!

¡Oye, tío!

오예 띠오

▶ 잠깐만요!

¡Un momento, por favor!

운 모멘또 뽀르 빠보르

▶ 이봐!

¡Oiga!

오이가

Voca momento 순간 por favor 제발

모르는 사람을 부를 때

señor는 스페인어에서 성인 남성을 존중해서 쓸 때 쓰는 표현이다. 공식적인 문서에서도 Estimado Señor. "존경하는 선생님께."라는 표현을 사용한다. 여성에게는 señora라는 표현을 쓴다.

▶ 여보세요.

Disculpe.

디스꿀뻬

▶ 저, 여보세요.

Disculpe, señor.

디스꿀뻬 쎄뇨르

▶ 저기요.

Oiga.

오이가

▶ 이봐.

Oye.

오예

▶ 저기요!

¡Eh, perdone!

에 뻬르도네

Voca Oír 듣다

호칭을 부를 때

스페인어에서 아빠와 엄마는 사전상 padre와 madre라고 나오지만, 실제는 papá와 mamá로도 많이 말하고 더 친근감이 있는 표현으로 쓰인다. 그리고 강세 표현을 잘 사용해야 하는데, 강세가 없는 papa는 감자라는 의미이고 mama는 유방이라는 의미이니 주의해야 한다.

▶ 아빠!

¡Papá!

빠빠

▶ 엄마!

¡Mamá!

마마

▶ 할아버지!

¡Abuelo!

아부엘로

▶ 할머니!

¡Abuela!

아부엘라

▶ 의사 선생님!

¡Doctor!

독또르

Voca papá 아빠 mamá 엄마

말문을 틀 때

남성을 높여 부를 때 señor, 여성을 높여 부를 때 señora를 사용한다. 이름이나 성을 같이 부르면 더 격식 있게 부르는 느낌이 난다. Señor García "가르시아 씨"가 그 예이다. 만약 그 사람을 직접 부르는 것이 아니라 대화 중 그 사람을 지칭하는 것이면 정관사(el/la)를 붙여준다. El señor García estaba aquí. "가르시아 씨는 여기 있었어요."

▶ 신사 숙녀 여러분!

¡Damas y caballeros!

다마스 이 까바예로스

▶ 여러분!

¡Señoras y señores!

쎄뇨라스 이 쎄뇨레스

▶ 피터 씨.

Señor Peter.

쎄뇨르 피떼르

▶ 피터 부인.

Señora Peter.

쎄뇨라 피떼르

▶ 헬렌 양.

Señorita Helen.

쎄뇨리따 헬렌

Voca dama 숙녀 caballero 신사

말을 걸 때 다양한 표현을 쓸 수 있다. Tengo que decirle. "당신께 드릴 말씀이 있습니다.", Quisiera hablar con usted de algo. "당신과 어떤 것에 대해 말하고 싶습니다.", Necesito hablar con usted. "당신과 말하고 싶습니다.", Hay algo de lo que me gustaría hablar con usted. "당신과 말하고 싶은 것이 있습니다."

▶ 실례합니다만,

Disculpe, pero

디스꿀뻬 뻬로

▶ 이야기 좀 할 수 있을까요?

¿Podría hablar con usted un momento?

뽀드리아 아블라르 꼰 우스뗄 운 모멘또

▶ 말씀드릴 게 좀 있습니다.

Tengo algo que me gustaría decirle.

뗑고 알고 께 메구스따리아 데씨를레

▶ 드릴 말씀이 있는데요.

Quisiera decirle algo.

끼시에라 데씨를레 알고

▶ 당신에게 할 이야기가 좀 있습니다.

Tengo algo que contarle.

뗑고 알고 께 꼰따를레

Voca hablar con~ ~와 이야기하다 decir 말하다

대화 도중에 말을 꺼낼 때

interrumpir는 "방해하다", "중단시키다"의 의미로 대화 중간에 끼어들 때 사용한다. 접두사 inter는 "~사이에", "~간에"라는 뜻으로, 이를 활용한 단어는 intervenir "개입하다", intermediación "중재" 등이 있다.

▶ 말씀 중에 잠깐 실례를 해도 될까요?

¿Puedo interrumpirle un momento?

뿌에도 인떼룸삐를레 운 모멘또

▶ 말씀 도중에 죄송합니다만,

Perdone, que le interrumpa, pero

뻬르도네 껠 레 인떼룸빠 뻬로

▶ 잭, 저와 이야기 좀 할 수 있을까요?

Jack, ¿podría hablar conmigo?

잭 뽀드리아 아블라르 꼰미고

▶ 말씀드릴 게 있는데요.

Quisiera decirle algo.

끼시에라 데씨를레 알고

▶ 오래 걸리지 않습니다.

Será solo un momento.

쎄라 쏠로 운 모멘또

Voca interrumpir 방해하다, 중단시키다 solo 단지, 오직

용건이 있는지 물을 때

algo는 스페인어에서 "어떤 것"이라는 뜻으로, 영어의 something에 해당한다. algo 뒤에 que+동사 원형을 붙이면, "~할 것"이라는 의미를 지닌다. 따라서, Tengo algo que decir. "말할 것이 있습니다.", Tengo algo que hacer. "해야할 것이 있습니다."가 된다.

▶ 무슨 이야기를 하고 싶으세요?

¿Qué quiere decirme?

께 끼에레 데씨르메

▶ 제가 도와드릴 게 있나요?

¿Puedo ayudarle en algo?

뿌에도 아유다를레 엔 알고

▶ 나한테 뭔가 이야기하고 싶으세요?

¿Tiene algo que decirme?

띠에네 알고 께 데씨르메

▶ 무슨 말을 하고 싶으신 거죠?

¿Qué es lo que quiere decirme?

께 에스 로 께 끼에레 데씨르메

▶ 무엇을 도와드릴까요?

¿En qué puedo ayudarle?

엔 께 뿌에도 아유다를레

Voca decir 말하다 ayudar 돕다 algo 무언가

모르는 사람에게 말을 건넬 때

hablar는 자동사로 바로 목적어를 취하지 못하지만 "언어를 말하다"에서 쓰일 때는 뒤에 바로 언어 이름이 온다. 예를 들면, Hablo español. "저는 스페인어를 할 줄 압니다.", ¿Hablas coreano? "너는 한국어를 할 줄 아니?"

▶ 여기는 처음이십니까?

¿Es la primera vez que viene aquí?

에스 라 쁘리메라 베스 께 비에네 아끼

▶ 스페인어로 말할 줄 아세요?

¿Sabe hablar español?

싸베 아블라르 에스빠뇰

▶ 한국어는 어떠세요?

¿Habla coreano?

아블라 꼬레아노

▶ 이 자리에 누구 있습니까?

¿Está ocupado este asiento?

에스따 오꾸빠도 에스떼 아씨엔또

▶ 멀리 가십니까?

¿Va muy lejos?

바 무이 레호스

Voca primera vez 첫 번째 español 스페인어

부탁을 하거나 질문을 하기 전에는 항상 양해를 구하는 것이 예법이다. 가령 ¿Le puedo pedir un favor? "부탁 하나 해도 될까요?", ¿Puede ayudarme? "저 좀 도와주시겠습니까?", ¿Puedo hacer una pregunta? "질문 하나 해도 될까요?" 등과 같이 상대방에게 정중하게 의사를 물어보는 것이 좋다.

Día 043 질문을 할 때

스페인어는 간접 목적격 대명사를 사용하여 "~에게"를 표현한다. 스페인어 간접 목적격 대명사는 다음과 같다. me "나에게"/te "너에게"/le "그, 그녀, 당신에게"/nos "우리에게"/os "너희에게"/les "그들, 그녀들, 당신들에게"가 있다.

▶ 질문 하나 있습니다.

Tengo una pregunta.

뗑고 우나 쁘레군따

▶ 질문 하나 해도 될까요?

¿Le puedo hacer una pregunta?

레 뿌에도 아쎄르 우나 쁘레군따

▶ 사적인 질문을 하나 해도 되겠습니까?

¿Puedo hacerle una pregunta personal?

뿌에도 아쎄를레 우나 쁘레군따 뻬르소날

▶ (물어볼 게) 하나 더 있습니다.

Solo una pregunta más.

쏠로 우나 쁘레군따 마스

Voca pregunta 질문 personal 사적인

질문이 있는지 물을 때

"질문"을 의미하는 단어는 pregunta이다. 발음은 "쁘레군따"이며, "질문을 하다"라는 동사는 preguntar "쁘레군따르"다. 명사와 동사의 형태가 유사하니 함께 외워두자.

▶ 질문 있습니까?

¿Tiene alguna pregunta?

띠에네 알구나 쁘레군따

▶ 또 다른 질문을 받겠습니다.

Pasemos a otra pregunta.

빠세모스 아 오뜨라 쁘레군따

▶ 다음 질문 하세요.

Adelante con la siguiente pregunta.

아델란떼 꼰 라 씨기엔떼 쁘레군따

▶ 질문 있으면 손을 드세요.

Si tiene alguna pregunta, levante la mano.

씨 띠에네 알구나 쁘레군따 레반떼 라 마노

▶ 여기까지 다른 질문은 없습니까?

¿Hay alguna otra pregunta hasta este punto?

아이 알구나 오뜨라 쁘레군따 아스따 에스떼 뿐또

Voca pasar a ~로 가다, 진행하다 levantar la mano 손을 들다

질문에 답변할 때

모르겠다고 답할 때 No lo sé라는 표현을 쓴다. lo는 그것이라는 직접 목적격 대명사이고, sé는 saber 동사의 직설법 현재 1인칭 단수 형태다. saber는 불규칙하게 변화하므로 잘 외워서 활용해야 한다. (sé, sabes, sabe, sabemos, sabéis, saben)

▶ 좋은 질문입니다.

Es una buena pregunta.

에스 우나 부에나 쁘레군따

▶ 더 이상 묻지 마세요.

Le ruego que no haga más preguntas.

레 루에고 께 노 아가 마스 쁘레군따스

▶ 당신에게 설명을 해야 할 의무는 없습니다.

No tengo la obligación de darle una explicación.

노 뗑고 라 오블리가시온 데 다를레 우나 엑스쁠리까시온

▶ 뭐라고 대답해야 좋을지 모르겠습니다.

No sé qué decirle.

노 쎄 께 데씨를레

▶ 저는 모르겠습니다.

No lo sé.

노 로 쎄

Voca rogar 간청하다, 부탁하다 obligación 의무 explicación 설명

설명을 요구할 때

explicar는 "설명하다"라는 동사이다. 설명을 요구할 때는 poder "할 수 있다"라는 동사와 결합하여 사용할 수 있는데 이때 poder를 직설법 현재 시제가 아닌 직설법 가정 미래를 사용해주면 더 공손한 표현처럼 들린다. ¿Puede explicar? (직설법 현재), ¿Podría explicar? (직설법 가정 미래)

▶ ~에 대해 좀 더 설명해 주시겠습니까?

¿Podría explicarme más sobre~?

보드리아 엑스쁠리까르메 마스 소브레

▶ 다시 한번 설명해 주시겠어요?

¿Podría explicarlo de nuevo?

보드리아 엑스쁠리까를로 데 누에보

▶ 더 쉬운 말로 다시 말씀해 주시겠어요?

¿Sería posible que lo explicara de manera más simple?

쎄리아 보시블레 께 로 엑스쁠리까라 데 마네라 마스 씸쁠레

▶ 다른 말로 설명해 주시겠어요?

¿Podría explicarlo de otra manera?

보드리아 엑스쁠리까를로 데 오뜨라 마네라

▶ 좀 더 상세히 설명해 주시겠어요?

¿Podría darme una explicación más detallada?

보드리아 다르메 우나 엑스쁠리까시온 마스 데따야다

Voca sobre ~에 관해, ~위에 de nuevo 다시

설명을 해 줄 때

ser 형용사 표현은 스페인어에서 정말 많이 쓰는 표현이다. Es difícil olvidarlo. "그것을 잊기는 어렵다.", Es fácil expresar mi opinión. "내 의견을 표현하는 건 쉽다."

▶ 말로는 표현하기 힘들어요.

Es difícil de expresar con palabras.

에스 디삐실 데 엑스쁘레사르 꼰 빨라브라스

▶ 어떻게 설명해야 할지 모르겠군요.

No sé cómo explicarlo.

노 쎄 꼬모 엑스쁠리까를로

▶ 그밖에 달리 설명할 방법이 없어요.

No hay otra manera de explicarlo.

노 아이 오뜨라 마네라 데 엑스쁠리까를로

▶ 그래서 그런 겁니다.

Por eso es así.

뽀르 에소 에스 아씨

▶ 말하자면 길어요.

Es un poco largo de explicar.

에스 운 뽀꼬 라르고 데 엑스쁠리까르

Voca expresar 표현하다 palabra 단어 así 그렇게, 그런 식으로

되물을 때

"뭐라고요?"라고 되물을 때, 다양한 표현을 쓸 수 있다. ¿Cómo?는 간단하고 널리 쓰이는 표현이다. ¿Perdón?은 조금 더 정중한 표현이다. ¿Qué dijo?는 직설적 표현으로 "뭐라고 하셨죠?"의 의미이다.

▶ 뭐라고요?

¿Perdón?

뻬르돈

▶ 뭐라고?

¿Cómo?

꼬모

▶ 방금 뭐라고 말씀하셨죠?

¿Qué fue lo que ha dicho?

께 뿌에 로 께 아 디초

▶ 맞습니까?

¿Es correcto?

에스 꼬렉또

▶ 그렇습니까?

¿De verdad?

데 베르닫

Voca perdonar 용서하다 verdad 진실

다시 한번 말해 달라고 할 때

상대방의 말을 잘 알아듣지 못했을 경우에는 No le entendí. "이해하지 못했습니다.", No le escuché bien. "잘 못 들었습니다.", No comprendí lo que dijo. "말씀하신 걸 이해하지 못했습니다." 등으로 표현할 수 있다.

▶ 다시 말씀해 주시겠어요?

¿Podría decirme de nuevo, por favor?

뽀드리아 데씨르메 데 누에보 뽀르 빠보르

▶ 다시 한번 말씀해 주시겠어요?

¿Sería tan amable de repetirlo?

쎄리아 딴 아마블레 데 레뻬띠를로

▶ 천천히 말씀해 주시겠어요?

¿Podría hablar más despacio, por favor?

뽀드리아 아블라르 마스 데스빠씨오 뽀르 빠보르

▶ 더 분명하게 말씀해 주시겠어요?

¿Podría hablar con más claridad?

뽀드리아 아블라르 꼰 마스 끌라리닫

▶ 더 쉬운 말로 다시 말씀해 주시겠어요?

¿Podría explicarlo con palabras más sencillas, por favor?

뽀드리아 엑스쁠리까를로 꼰 빨라브라스 마스 쎈시야스 뽀르 빠보르

Voca repetir 반복하다, 다시 말하다 despacio 천천히

용건이나 용무를 물을 때

모르는 사람이나 손님이 찾아왔을 경우 용무나 용건을 완곡하게 묻는 표현으로는 ¿En qué puedo ayudarle? "무엇을 도와드릴까요?", ¿Qué desea? "무엇을 원하세요?", ¿Venía por algo en parteicular? "특별한 일로 오신 건가요?"가 있다. 친한 사이에는 ¿Qué pasa? "무슨 일이야?", ¿Qué te trae por aquí? "무슨 일로 여기 왔어?" 등의 표현을 사용할 수 있다.

Día

050

의문사 [Cuándo]

cuándo는 시간, 때를 물을 때 사용하는 의문사이다. 강세 표시가 꼭 들어가야 한다.

Parte 2   화술 표현

▶ 언제 결혼할 계획입니까?

¿Cuándo planea casarse?

꾸안도 쁠라네아 까사르세

▶ 언제 태어났습니까?

¿Cuándo nació?

꾸안도 나씨오

▶ 언제 체크아웃하시겠습니까?

¿Cuándo piensa hacer el check-out?

꾸안도 삐엔사 아쎄르 엘 체크아웃

▶ 탑승시간은 언제입니까?

¿Cuándo es la hora de embarque?

꾸안도 에스 라 오라 데 엠바르께

Voca   casarse 결혼하다   nacer 태어나다   embarque 탑승

의문사 [Dónde]

dónde는 장소를 물을 때 사용하는 의문사이다. 강세 표시가 꼭 들어가야 한다. 어디를 가냐고 물을 때, ¿A dónde vas? "너 어디가?"라는 표현을 쓰는데, 이때 adónde로 붙여서 ¿Adónde vas?라고 쓸 수도 있다.

▶ 여기가 어디예요?

¿Dónde estamos?

돈데 에스따모스

▶ 지금 지나가는 데가 어디입니까?

¿Por dónde estamos pasando ahora?

뽀르 돈데 에스따모스 빠산도 아오라

▶ 어디까지 얘기했죠?

¿Hasta dónde hablábamos?

아스따 돈데 아블라바모스

▶ 어디 출신입니까?

¿De dónde es usted?

데 돈데 에스 우스뗃

▶ 갈아타는 데가 어디입니까?

¿Dónde hay que hacer transbordo?

돈데 아이 께 아쎄르 뜨란스보르도

Voca pasar por 지나가다 hablar 말하다, 이야기하다 transbordo 환승

의문사 [Quién]

quién은 사람을 물을 때 사용하는 의문사이다. 강세 표시가 꼭 들어가야 한다. quién이 들어간 표현 중 회화에서 자주 쓰이는 표현으로 Quién sabe라는 표현이 있다. 이는 "누가 알겠어."라는 의미이다. 예) ¿Qué pasará mañana? "내일 무슨 일이 일어날까?" Quién sabe. "누가 알겠어."

▶ 누구세요?

¿Quién es usted?

끼엔 에스 우스뗃

▶ 누구 생각이야?

¿De quién es la idea?

데 끼엔 에스 라 이데아

▶ 제일 좋아하는 선수가 누구예요?

¿Quién es su jugador favorito?

끼엔 에스 수 후가도르 빠보리또

▶ 누구를 바꿔 드릴까요?

¿Con quién quiere hablar?

꼰 끼엔 끼에레 아블라르

▶ 그밖에 누구를 만났습니까?

¿A quién más ha visto?

아 끼엔 마스 아 비스또

Voca idea 아이디어, 생각 jugador 운동선수

의문사 [Qué]

qué는 "무엇"이라는 의미의 의문사이다. 강세 표시가 꼭 들어가야 한다. 강세 표시가 들어가지 않으면 관계대명사의 역할을 한다. 예) Me gusta esa blusa que está en el escaparate. "나는 저 쇼윈도에 있는 블라우스가 맘에 들어."

▶ 당신은 어때요?

¿Qué le pasa?

께 레 빠사

▶ 오늘 날씨 어때요?

¿Qué tiempo hace hoy?

께 띠엠뽀 아쎄 오이

▶ 밖에 무슨 소리죠?

¿Qué es ese ruido?

께 에스 에세 루이도

▶ 이건 재질이 뭐예요?

¿De qué material es esto?

데 께 마떼리알 에스 에스또

▶ 무슨 직업을 가지고 계십니까?

¿Qué profesión tiene usted?

께 브로뻬시온 띠에네 우스뗄

Voca tiempo 시간, 날씨 material 재료

의문사 [Cuál]

cuál은 "어느", "어떤"의 의미를 지닌 의문사이다. 강세 표시가 꼭 들어가야 한다. 의미상 qué와 유사하지만 보통 여러 개에 선택지가 있을 때, cuál을 사용한다.

▶ 어느 학교에 다니고 있습니까?

¿Cuál escuela asiste?

꾸알 에스꾸엘라 아씨스떼

▶ 어떤 상표(브랜드)가 가장 좋아요?

¿A Cuál marca le gusta más?

꾸알 마르까 레 구스따 마스

▶ 어느 색깔이 저한테 어울릴까요?

¿Cuál color me queda mejor?

꾸알 꼴로르 메 께다 메호르

▶ 어떤 잡지가 인기 있나요?

¿Cuál revista es popular?

꾸알 레비스따 에스 뽀뿔라르

▶ 어떤 스타일로 해 드릴까요?

¿Cuál estilo prefiere?

꾸알 에스띨로 쁘레삐에레

Voca escuela 학교 marca 브랜드 color 색깔

의문사 [Por qué]

por qué는 이유를 묻는 의문사이다. 꼭 강세 표시가 들어가야 하며 por 와 qué를 띄어 써야 한다. 붙여 쓰고 강세가 없는 porque는 이유를 말할 때 쓴다. ¿Por qué fuiste allí? "너 왜 거기 갔었어?", Fui porque había quedado de verme con un amigo. "친구와 약속이 있어서 거기 갔었어."

▶ 왜?/어째서?

¿Por qué?

뽀르 께

▶ 왜 이 회사를 지망하셨습니까?

¿Por qué solicitó trabajar en esta empresa?

뽀르 께 쏠리씨또 뜨라바하르 엔 에스따 엠쁘레사

▶ 왜 어제 전화하지 않았니?

¿Por qué no llamaste ayer?

뽀르 께 노 야마스떼 아예르

▶ 왜 직업을 바꾸려 합니까?

¿Por qué quiere cambiar de trabajo?

뽀르 께 끼에레 깜비아르 데 뜨라바호

▶ 왜 늦었습니까?

¿Por qué ha llegado tarde?

뽀르 께 아 예가도 따르데

Voca solicitar 지원하다, 신청하다 ayer 어제

의문사 [Cómo]

cómo는 "어떻게"라는 의미를 지닌 의문사이다. 꼭 강세 표시가 들어가야 한다. 강세 표시가 없는 como의 경우 "~처럼", "~로서", "~때문에" 그리고 "내가 먹는다."라는 의미로 쓰일 수 있다.

▶ 이건 어떠십니까?

¿Cómo le parece esto?

꼬모 레 빠레세 에스또

▶ 어떻게 지내세요?

¿Cómo está?

꼬모 에스따

▶ 여기 생활은 어떠세요?

¿Cómo es la vida aquí?

꼬모 에스 라 비다 아끼

▶ 스테이크는 어떻게 익혀 드릴까요?

¿Cómo le gustaría el filete?

꼬모 레 구스따리아 엘 삘레떼

▶ 여기는 어떻게 가나요?

¿Cómo puedo llegar aquí?

꼬모 뿌에도 예가르 아끼

Voca esto 이거 vida 생활, 라이프

선택의문문

이것 아니면 저것을 선택하는 선택의문문에는 영어의 or에 해당하는 접속사인 o가 사용된다. 그리고 영어의 and에 해당하는 접속사는 스페인어로 y이다.

▶ 차와 커피 중 어떤 걸 좋아하세요?

¿Qué prefieres, té o café?

께 쁘레삐에레스 떼 오 까뻬

▶ 우선 커피와 차 중 무얼 드시겠습니까?

¿Qué le gustaría tomar primero, café o té?

께 레 구스따리아 또마르 쁘리메로 까뻬 오 떼

▶ 흡연석을 원하십니까? 아니면 금연석을 원하십니까?

¿prefieres una mesa para fumadores o para no fumadores?

쁘레삐에레스 우나 메사 빠라 뿌마도레스 오 빠라 노 뿌마도레스

▶ 카레는 어떤 걸로 하시겠습니까? 매운 것과 순한 것이 있는데요.

¿Cómo quiere el curry? Tenemos picante y suave.

꼬모 끼에레 엘 꾸리 떼네모스 삐깐떼 이 쑤아베

▶ 이 법에 찬성하세요, 반대하세요?

¿Está a favor o en contra de esta ley?

에스따 아 빠보르 오 엔 꼰뜨라 데 에스따 레이

Voca té 차 café 커피 mesa 테이블

부정의문문

부정의문문에 답할 때는 주의해야 할 점이 있다. "~아닙니까?"라고 물었을 때 우리말은 "네, 아닙니다." 혹은 "아니오, 맞습니다."라고 대답하지만, 스페인어에서는 부정의문문이든 긍정의문문이든 대답이 부정이면 No로 대답한다. 따라서 "~아닙니까?"라고 물으면 "네, 맞습니다." 혹은 "아니요, 아닙니다."로 대답하므로 유의해야 한다.

▶ 민수 씨 댁 아닙니까?

¿No es esta la casa del señor Minsu?

노 에스 에스따 라 까사 델 쎄뇨르 민수

▶ 춥지 않으세요?

¿No tiene frío?

노 띠에네 쁘리오

▶ 점심 안 드셨어요?

¿No ha almorzado?

노 아 알모르싸도

▶ 영화 좋아하지 않으세요?

¿No le gustan las películas?

노 레 구스딴 라스 뻴리꿀라스

▶ 그 사람 오지 않나요?

¿No va a venir esa persona?

노 바 아 베니르 에사 뻬르쏘나

Voca casa 집 frío 추위 almorzar 점심을 먹다

Parte 2 회화 표현

부가의문문

부가의문문은 문장의 끝에 의문문의 생략형을 붙이는 표현으로 상대방에게 동의를 구하거나 반응을 원할 때 자연스럽게 붙이는 말이다. 우리말로 "그렇지, 그렇지 않니?" 정도의 뉘앙스를 가진다.

▶ 날씨가 고약하지요?

Hace mal tiempo, ¿verdad?

아쎄 말 띠엠뽀 베르닫

▶ 영화를 좋아하지 않으신가요?

No le gustan las películas, ¿no?

노 레 구스딴 라스 뻴리꿀라스 노

▶ 봤죠?

Lo ha visto, ¿no?

로 아 비스또 노

▶ 덥네요, 그렇지 않나요?

Hace claro, ¿no?

아쎄 깔로르 노

▶ 재미있을 것 같지 않아요?

Va a ser interesante, ¿verdad?

바 아 쎄르 인떼레산떼 베르닫

Voca tiempo 시간, 날씨 película 영화 calor 더위

04 부탁, 요청을 할 때의 응답

por favor는 양해를 구하거나 부탁을 할 때 그리고 정중하게 말을 할 때 만능으로 쓴다. Un café, por favor. "커피 주세요.", ¿Podría mostrarme su pasaporte, por favor? "제게 여권 좀 보여주시겠어요?", La cuenta, por favor. "계산서, 부탁합니다." 등은 알아두면 유용한 표현이다.

Día 060 — 긍정적으로 대답할 때

긍정으로 답할 때는 sí를 대표적으로 사용한다. 그 외에도 Por supuesto, Tiene razón, Con gusto, Exactamente 등의 표현을 사용해보자.

▶ 좋아요.

Por supuesto.

뽀르 수뿌에스또

▶ 좋아.

Bien.

비엔

▶ 기꺼이 그러죠.

Con mucho gusto.

꼰 무초 구스또

▶ 맞습니다.

Exactamente.

엑삭따멘떼

Voca por supuesto 물론이다 exactamente 정확히

부정적으로 대답할 때

부정의 대답 역시 다양하다. 정중한 사양의 의미인 No, gracias부터 강한 부정의 의미인 Nunca, No es posible, Es imposible까지 뉘앙스도 다양하다는 것을 기억해 두자.

▶ 아니요.

No.

노

▶ 한 번도 없어요.

Nunca.

눈까

▶ 아니, 지금은 됐어요(안 됩니다).

No, ahora no es posible.

노 아오라 노 에스 뽀시블레

▶ 유감스럽지만, 안 되겠어요.

Lo siento, pero no es posible.

로 씨엔또 뻬로 노 에스 뽀시블레

▶ 미안하지만, 그렇게는 안 되겠는데요.

Lo siento, pero no puedo hacerlo así.

로 씨엔또 뻬로 노 뿌에도 아쎄를로 아씨

Voca nunca 절대, 결코 ahora 지금 posible 가능한

불확실하게 대답할 때

"아마도"에 해당되는 부사에는 tal vez, quizá, quizás, a lo mejor, probablemente 등이 있다. 다양한 표현이 있으니 실생활에서 다양하게 활용해보자.

▶ 있을 수 있어요(그럴 수 있어요).

Es posible.

에스 뽀시블레

▶ 그럴지도 모르겠어요.

Quizá tenga razón.

끼사 뗑가 라손

▶ 아마도.

Probablemente.

쁘로바블레멘떼

▶ 그렇대요.

Eso dicen.

에소 디쎈

▶ 그러기를 바라요.

Ojalá sea así.

오할라 세아 아씨

Voca   tener razón 맞다 ojalá 제발 (소망할 때 쓰는 표현)

creer, pensar는 "믿다", "생각하다"의 의미이다. 반면, dudar는 "의심하다"라는 의미를 지닌 동사이다. dudar 동사 뒤에 que를 쓰고 문장을 쓸 때는 뒤에 꼭 접속법을 사용해야 한다. Dudo que sea verdad lo que dijo ella. "나는 그녀가 말했던 것이 진짜인지 의심스럽다."

▶ 확실하진 않지만, 아닐 거야.

No estoy seguro, pero lo dudo.

노 에스또이 쎄구로 뻬로 로 두도

▶ 믿을 수 없어.

No lo puedo creer.

노 로 뿌에도 끄레에르

▶ 정말로?

¿En serio?

엔 세리오

▶ 진심이야?

¿Lo dice en serio?

로 디쎄 엔 세리오

▶ 예, 하지만 의심스럽군요.

Sí, pero tengo mis dudas.

씨 뻬로 뗑고 미스 두다스

Voca   dudar 의심하다   duda 의심

　　¿Por qué no?는 크게 두 가지 용법이 있는데 ⓐ부탁, 요청을 받은 후 응답할 때 "물론.", "당연."의 뜻을 가지거나 타인으로부터 권유받고 난 후에 "부탁합니다.", "고맙습니다."라는 말을 표현할 때에 사용된다. ⓑ상대방이 부정적으로 묻는 질문에 대해 반론할 때 이유를 되묻는 표현으로 쓰인다. 그러나 ¿Por qué no?처럼 권유자 제안의 의문문에서는 "~이 어때?"라는 표현으로 사용된다는 점에 유의하자.

Día
064

확신을 할 때의 맞장구

상대가 한 말을 긍정적으로 받아들이고 싶을 때는 Es cierto, Por supuesto, Claro 등을 사용하여 맞장구를 칠 수 있다.

▶ 맞아요.

Es cierto.

에스 씨에르또

▶ 바로 그겁니다./맞아요.

Justo eso.

후스또 에소

▶ 물론이죠.

Por supuesto.

뽀르 수뿌에스또

▶ 확신해요.

Estoy seguro.

에스또이 쎄구로

Voca　cierto 확실한　justo 정확하게

상대의 말에 완전히 동의하지는 않지만 "Bueno…", "Puede ser…", "Supongo que sí…" 같은 표현으로 적당히 맞장구치며 대화를 이어갈 수 있다. 뿐만 아니라 억양이나 표정에 따라 공감, 망설임, 거리두기에 뉘앙스를 줄 수 있다.

▶ 아마도.

Puede ser.

뿌에데 쎄르

▶ 그럴지도 모르겠어요.

Es posible.

에스 뽀시블레

▶ 그럴 거라고 생각합니다.

Creo que sí.

끄레오 께 씨

▶ 그렇기를 바랍니다.

Espero que sí.

에스뻬로 께 씨

▶ 저도 역시 그렇게 생각합니다.

Pienso lo mismo.

삐엔소 로 미스모

Voca pensar 생각하다 mismo 똑같은

긍정의 응답

스페인어에는 질문 형태를 하고 있지만, 실제로는 상대방의 말을 긍정하며 반응하거나 놀람, 확인의 의미로 되묻는 표현들이 자주 쓰인다. 이런 표현은 어조에 따라 의미가 달라질 수 있으며, 대화를 자연스럽게 이어가고 감정을 전달할 때 유용하다. 예를 들어, ¿De verdad? "정말이에요?"는 상대방의 말에 진심으로 놀랐을 때 쓰고, "¿Ah, sí?"는 가볍게 "그래요?"하고 반응할 때 쓸 수 있다.

▶ 정말요?

¿De verdad?

데 베르닫

▶ 아, 진짜예요?

¿En serio?

엔 세리오

▶ 그렇습니까?

¿Es así?

에스 아씨

▶ 이해해요.

Entiendo.

엔띠엔도

Voca　verdad 진실 serio 심각한

Parte 2　화술 표현

부정의 응답

부정을 할 때, No라고만 답하면 딱딱하거나 무례하게 들릴 수 있기 때문에 Pues, no 혹은 Creo que no처럼 부드럽게 반대하거나 정정하는 말투를 사용해보자.

▶ 설마!/그럴 리가요!

¡Imposible!

임뽀시블레

▶ 아니요, 그렇게 생각하지 않아요.

No, no lo creo.

노 노 로 끄레오

▶ 그래요? 저도 좋아하지 않습니다.

¿De verdad? A mí tampoco me gusta.

데 베르닫 아 미 땀뽀꼬 메 구스따

▶ 모르겠어요.

No lo sé.

노 로 쎄

▶ 확실히 모르겠어요.

No estoy completamente seguro.

노 에스또이 꼼쁠레따멘떼 쎄구로

Voca imposible 불가능한 completamente 완전한

entender는 "이해하다"라는 의미의 동사이다. 동사변화가 불규칙하니 주의해야 한다. (entiendo/entiendes/entiende/entendemos/entendéis/entienden) 따라서 내가 잘 이해하지 못했으면, No entiendo. 라고 말할 수 있다.

▶ 아시겠어요?

¿Lo entiende?

로 엔띠엔데

▶ 제 의도를 아시겠어요?

¿Comprende lo que quiero decir?

꼼쁘렌데 로 께 끼에로 데씨르

▶ 제 말을 이해하시겠어요?

¿Entiende lo que le digo?

엔띠엔데 로 께 레 디고

▶ 내가 한 말을 이해할 수 있겠습니까?

¿Puede comprender lo que he dicho?

뿌에데 꼼쁘렌데르 로 께 에 디초

▶ 당신 기분이 어떤지 알겠어요.

Entiendo cómo se siente.

엔띠엔도 꼬모 쎄 씨엔떼

Voca entender 이해하다 comprender 이해하다

잠시 생각할 때

대화 중에 바로 대답하지 않고 잠깐 생각하거나, 말할 내용을 정리할 시간이 필요할 때 다음과 같은 표현을 쓴다. Pues, Bueno, A ver.

▶ 글쎄.

Pues.

뿌에스

▶ 글쎄(어디 보자).

A ver.

아 베르

▶ 참, 뭐더라?

A ver, ¿cómo era?

아 베르 꼬모 에라

▶ 내 말 뜻은~

Me refiero a que~

메 레삐에로 아 께

▶ 좀 생각해 보기로 하죠.

Voy a pensarlo un poco.

보이 아 뻰사를로 운 뽀꼬

Voca referirse a algo 무언가를 언급하다, 의미하다

¿Me explico? "제 말 이해되시죠?", ¿Entiende lo que quiero decir? "제가 말하고자 하는 것 이해하시나요?" 등과 같은 표현으로 상대와의 의사소통에서 이해가 잘 이루어졌는지 확인할 수 있다. 특히 중요한 이야기나 설명 뒤에 이런 표현을 사용하면 오해를 줄이고 대화를 원만하게 이어갈 수 있다.

Día 070 이해를 확인할 때

주로 동사 entender를 활용한다. pillar la idea라는 표현도 "이해하다" 라는 의미를 지닌다.

▶ 이해하시겠어요?

¿Lo entiende?

로 엔띠엔데

▶ 제가 한 말을 알겠어요?

¿Comprende lo que he dicho?

꼼쁘렌데 로 께 에 디초

▶ 지금까지 제가 한 말을 이해하시겠어요?

¿Ha comprendido todo lo que he dicho hasta ahora?

아 꼼쁘렌디도 또도 로 께 에 디초 아스따 아오라

▶ 사정(내용)을 알았습니까?

¿Ha entendido la situación?

아 엔뗀디도 라 시뚜아시온

Voca hasta ahora 지금까지 situación 상황

Ya veo, Entiendo, Claro 등과 같은 짧은 표현으로 대화 중에 이해했음을 표현할 수 있다. 상황에 따라 억양이나 표정을 더하면 보다 원만한 대화를 이어갈 수 있으니 참고하자.

▶ 이해했어요.

He entendido.

에 엔뗀디도

▶ 아, 알겠어요.

Ah, ya entiendo.

아 야 엔띠엔도

▶ 알겠군요.

Ya veo.

야 베오

▶ 이해가 되는군요.

Ahora lo comprendo.

아오라 로 꼼쁘렌도

▶ 아! 무슨 말씀인지 알겠습니다.

¡Ah! Ya entiendo lo que quiere decir.

아 야 엔띠엔도 로 께 끼에레 데씨르

Voca ya 이제, 벌써

이해를 못 했을 때

상대방의 말을 이해하지 못했을 때 가능한 대답으로는 ¿Cómo?, ¿Perdón?, No entiendo 등이 있다.

▶ 이해가 안 됩니다.

No lo entiendo.

노 로 엔띠엔도

▶ 무슨 말을 하는지 모르겠어요.

No sé de qué me está hablando.

노 쎄 데 께 메 에스따 아블란도

▶ 이해하기 어렵군요.

Es difícil de entender.

에스 디삐실 데 엔뗀데르

▶ 도무지 감이 잡히질 않습니다.

No tengo ni idea de lo que quiere decir.

노 뗑고 니 이데아 데 로 께 끼에레 데씨르

▶ 무슨 말인지 전혀 모르겠어요.

No entiendo absolutamente nada de lo que está diciendo.

노 엔띠엔도 압솔루따멘떼 나다 데 로 께 에스따 디씨엔도

Voca difícil 어려운 absolutamente 절대적으로, 매우

대화를 하다 보면 생각이 잘 안 나거나 갑자기 말이 막히는 순간이 있다. 스페인어에서도 이런 상황을 자연스럽게 넘기기 위한 말버릇, 연결어, 반응 표현들이 존재한다. 이 장에서는 당황하지 않고 말의 흐름을 유지하거나, 말을 잇기 위한 자연스러운 표현들을 배워본다. 실수를 하더라도 당황하지 않고 이어나가는 것이 가장 중요하다.

Día 073 말이 막힐 때

Bueno, Este, A ver 등과 같은 표현으로 잠시 생각할 시간을 벌거나, 당황한 순간을 자연스레 넘어갈 수 있다.

▶ 음…

Bueno…

부에노

▶ 에…

A ver…

아 베르

▶ 글쎄, 어디 생각해 봅시다.

Pues, déjeme pensar.

뿌에스 데헤메 뻰사르

▶ 글쎄요, 사실…

Pues, la verdad es que…

뿌에스 라 베르닫 에스 께

Voca　dejar ~하게 하다　pensar 생각하다

말을 꺼내거나 주저할 때

la verdad es que… , lo que pasa es que… 등과 같은 표현으로 완곡하게 말문을 열며 대화를 시작할 수 있다. 모두 "사실은 말야~"의 의미로 이런 표현을 잘 활용하면 직설적인 표현 없이도 속마음을 전하거나, 예민한 주제에 접근할 수 있다.

▶ 있잖아요,

Mire,

미레

▶ 있잖아요(알다시피),

Ya sabe,

야 싸베

▶ 생각 좀 해 보고요.

Déjeme pensarlo un momento.

데헤메 뻰사를로 운 모멘또

▶ 음, 그걸 어떻게 말해야 될까요?

Bueno, ¿cómo podría decirlo?

부에노 꼬모 뽀드리아 데씨를로

▶ 말하자면,

Digamos que,

디가모스 께

Voca   mirar 보다

적당한 말이 생각나지 않을 때

적당한 단어나 표현이 떠오르지 않을 때, ¿Cómo se dice?, No sé cómo decirlo와 같은 표현으로 대화를 멈추지 않고 자연스럽게 이어갈 수 있다.

▶ 뭐라고 말할까?

¿Cómo podría decir?

꼬모 뽀드리아 데씨르

▶ 뭐라고 했지? 아, 그래!

¿Qué era lo que se decía? ¡Ah, sí!

께 에라 로 께 쎄 데씨아 아 씨

▶ 뭐라고 말하면 좋을까?

¿Qué sería lo mejor que podría decir en este caso?

께 쎄리아 로 메호르 께 뽀드리아 데씨르 엔 에스떼 까소

▶ 무슨 말을 하려고 했지?

¿Qué iba a decir?

께 이바 아 데씨르

▶ 자, 글쎄요.

Pues, no sabría decirle.

뿌에스 노 사브리아 데씨를레

Voca caso 경우

말하면서 생각할 때

생각이 정리되지 않았는데 말을 해야 할 경우가 발생할 수 있다. 이럴 때 A ver, Bueno, O sea 같은 표현들로 숨 고를 시간을 벌 수 있다. 실제로 원어민들도 이런 식으로 말을 시작할 때가 많다. 다만 너무 많이 쓰면 말을 버벅이는 것처럼 보일 수 있으니 주의하자.

▶ 생각 좀 해 보고요.

Déjeme pensarlo un momento.

데헤메 뻰사를로 운 모멘또

▶ 확실하지 않지만, ~이라고 생각합니다.

No estoy seguro, pero creo que~

노 에스또이 세구로 뻬로 끄레오 께

▶ 아, 제 기억이 옳다면,

Ah, si no me falla la memoria,

아 씨 노 메 빠야 라 메모리아

▶ 잘 기억나지 않지만,

No lo recuerdo con claridad, pero

노 로 레꾸에르도 꼰 끌라리닫 뻬로

▶ 분명하지 않지만,

No es algo que tenga muy claro, pero

노 에스 알고 께 뗑가 무이 끌라로 뻬로

Voca fallar 틀리다 claridad 분명함

말을 재촉할 때

친구나 가족, 연인이 아닌 공식적인 관계에서 말을 재촉하는 것은 실례가 될 수 있으니 뒤에 por favor와 같이 말의 강도를 완화해 줄 수 있는 장치를 꼭 넣어주자.

▶ 빨리 말씀하세요.

Hable más rápido, por favor.

아블레 마스 라삐도 뽀르 빠보르

▶ 할 말이 있으면 하세요.

Si tiene algo que decir, dígalo.

씨 띠에네 알고 께 데씨르 디갈로

▶ 이유를 말해 보세요.

Explíqueme el motivo, por favor.

엑스쁠리께메 엘 모띠보 뽀르 빠보르

▶ 누가 그랬는지 말해 보세요.

Dígame quién lo hizo, por favor.

디가메 끼엔 로 이쏘 뽀르 빠보르

▶ 그래서 당신은 뭐라고 했습니까?

¿Y qué fue lo que usted respondió?

이 께 뿌에 로 께 우스뗄 레스뽄디오

Voca por favor 제발 motivo 동기, 이유

08 대화를 꺼내거나 화제를 바꾸고 싶을 때

어색한 침묵을 깨고 싶을 때, 새로운 주제로 대화를 전환하고 싶을 때, 우리는 적당한 말을 골라서 분위기를 부드럽게 바꾸곤 한다. 스페인어에서도 말을 꺼낼 때나 화제를 전환할 때 쓰는 표현들이 있다. 직설적이지 않으면서도 자연스럽게 흐름을 이끄는 말들을 익혀두면 대화를 이끄는 리더가 될 수 있다.

Día 078 · 대화의 시도

hablar de~는 스페인어 회화에서 많이 쓰는 구문으로 "~에 대해 말하다"라는 의미이다. hablar con은 "누구와 말하다"이니 헷갈리지 않게 전치사를 잘 익혀두자.

▶ 스포츠에 대해 얘기합시다.

Hablemos de deportes.

아블레모스 데 데뽀르떼스

▶ 당신에게 말하고 싶은 게 있는데요.

Hay algo que me gustaría decirle.

아이 알고 께 메 구스따리아 데씨를레

▶ 전부터 물어보려고 했어요.

Desde hace tiempo quería preguntarle.

데스데 아쎄 띠엠뽀 께리아 쁘레군따를레

▶ 잠깐 얘기 좀 할까요?

¿Puedo hablar con usted un momento?

뿌에도 아블라르 꼰 우스뗄 운 모멘또

Voca deporte 스포츠

화제를 바꿀 때

cambiar "바꾸다", hablar de "~에 대해 이야기하다", pasar a "~로 넘어가다" 등의 표현 등을 통해 화제를 바꿀 수 있으니 다양한 동사를 활용해보자. 또, por cierto "그건 그렇고"라는 표현을 통해 완곡하게 화제를 바꿀 수도 있다.

▶ 화제를 바꿉시다.

Cambiemos de asunto.

깜비에모스 데 아쑨또

▶ 뭔가 다른 이야기를 합시다.

Hablemos de otra cosa.

아블레모스 데 오뜨라 꼬사

▶ 주제를 바꿉시다.

Cambiemos de tema.

깜비에모스 데 떼마

▶ 좀 더 재미있는 화제로 바꾸죠.

Pasemos a un tema más interesante.

빠세모스 아 운 떼마 마스 인떼레산떼

▶ 새로운 화제로 넘어갑시다.

Vamos a pasar a un nuevo tema.

바모스 아 빠싸르 아 운 누에보 떼마

Voca tema 주제 asunto 화제

대화 도중에 쓸 수 있는 표현

스페인어에서 자주 쓰는 구문인 lo que 주어+동사는 "주어가 동사한 것"이라는 의미이다. 이 구조에서도 마찬가지로 주어가 생략될 수 있으므로 이 구조를 듣거나 활용할 때 주의하자.

▶ 예를 들면,

Por ejemplo,

뽀르 에헴쁠로

▶ 내 말은,

Quiero decir,

끼에로 데씨르

▶ 제 뜻은~

Lo que quiero decir es que~

로 께 끼에로 데씨르 에스 께

▶ 지금 제가 말하고 있는 것은~

Lo que estoy diciendo es~

로 께 에스또이 디씨엔도 에스

▶ 제가 말씀드리고자 하는 것은~

Lo que le quiero intentar transmitir es~

로 께 레 끼에로 인뗀따르 뜨란스미띠르 에스

Voca ejemplo 예시 intentar 시도하다

간단히 말할 때

요점은 punto라고 한다. el punto es que~로 문장을 시작하면 "요점은 ~"이라는 말로 시작하는 것이니 이를 활용하면 된다. 또한, en pocas palabras는 "간단히 말해서"라는 의미이니 이러한 표현도 활용해보자.

▶ 간단히 말해!

¡Sea breve!

쎄아 브레베

▶ 본론을 말씀하세요.

Hable del asunto principal, por favor.

아블레 델 아순또 쁘린씨빨 보르 빠보르

▶ 바로 요점을 말하세요.

Vaya directamente al punto, por favor.

바야 디렉따멘떼 알 뿐또 보르 빠보르

▶ 요점을 말씀드리자면~

El punto es que~

엘 뿐또 에스 께

▶ 요점을 말하십시오.

Dígame el punto principal, por favor.

디가메 엘 뿐또 쁘린시빨 보르 빠보르

Voca breve 간단한, 간결한 principal 주된, 주

신체

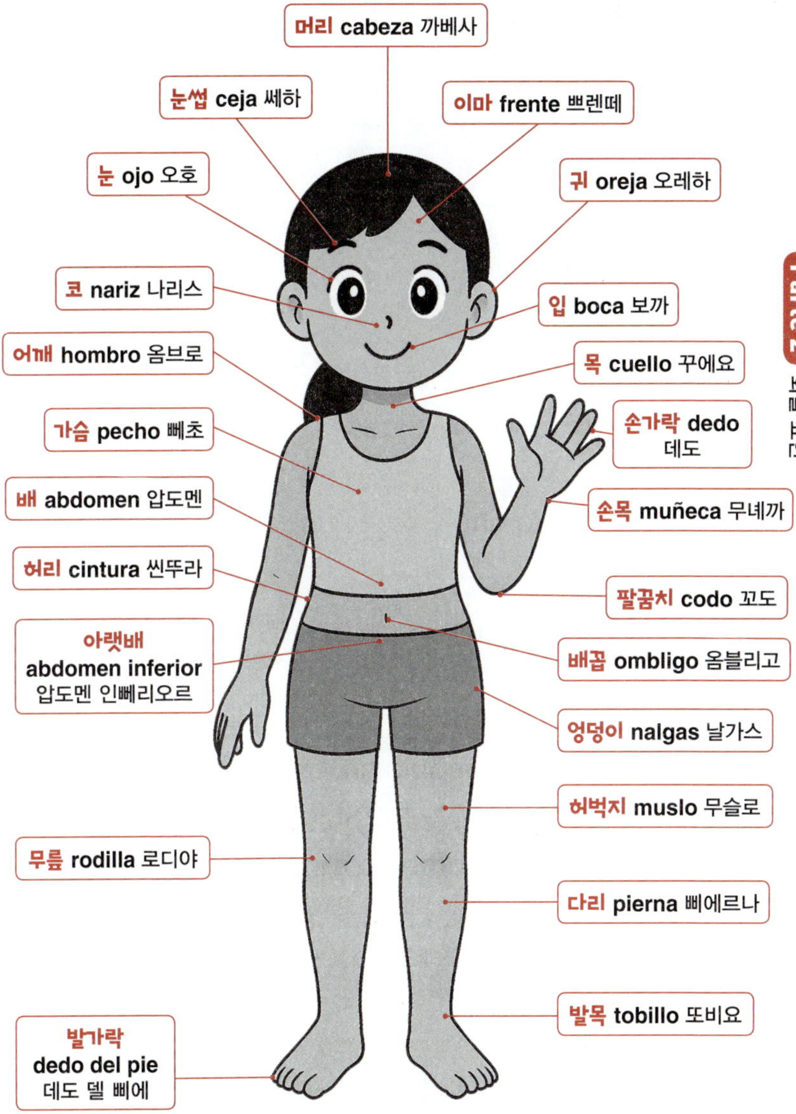
머리 cabeza 까베사
눈썹 ceja 쎄하
이마 frente 쁘렌떼
눈 ojo 오호
귀 oreja 오레하
코 nariz 나리스
입 boca 보까
어깨 hombro 옴브로
목 cuello 꾸에요
가슴 pecho 뻬초
손가락 dedo 데도
배 abdomen 압도멘
손목 muñeca 무녜까
허리 cintura 씬뚜라
팔꿈치 codo 꼬도
아랫배 abdomen inferior 압도멘 인뻬리오르
배꼽 ombligo 옴블리고
엉덩이 nalgas 날가스
허벅지 muslo 무슬로
무릎 rodilla 로디야
다리 pierna 삐에르나
발목 tobillo 또비요
발가락 dedo del pie 데도 델 삐에

의견 표현

자신의 의견이나 견해를 나타낼 때는 분명한 입장을 취하는 것이 중요하다. 그러나 상황에 따라 의견을 피력하는 걸 자제해야 할 경우가 발생할 수 있으므로 표현법을 익혀 두도록 하자.

01 의견과 견해를 피력할 때

대화에서 자신의 생각이나 의견을 표현하는 것은 아주 중요한 기술이다. 스페인어에서도 상황에 맞게 정중하면서도 명확하게 내 입장을 말하는 다양한 표현들이 있다. 자신의 의견을 효과적으로 전달하는 방법을 익히고, 상대와의 소통을 원활하게 만들어보자.

Día 082 자신의 의견을 말하고자 할 때

나의 생각이나 의견을 말할 때 가장 기본적이고 많이 쓰는 표현은 creo que "내 생각에는"이다. 그 외에도 en mi opinión, me parece que, desde mi punto de vista 등의 표현이 쓰인다.

▶ 제 의견으로는,

En mi opinión,

엔 미 오삐니온

▶ 제 생각으로는,

Me parece que,

메 빠레쎄 께

▶ 제 견해로는,

Desde mi punto de vista,

데스데 미 뿐또 데 비스따

▶ 나는 ～라고 생각합니다.

Pienso que~

삐엔소 께

Voca opinión 의견 punto de vista 관점, 시각

의견과 견해를 물을 때

상대방의 생각을 물을 때 가장 중요한 것은 정중한 자세이다. ¿Qué opina?, ¿Qué piensa? 등의 표현을 활용하면 된다. opinar와 pensar 동사를 활용한 표현들인데 두 동사 모두 "생각하다"의 의미를 지닌다.

▶ 이걸 어떻게 하면 될까요?

¿Qué debo hacer con esto?

께 데보 아쎄르 꼰 에스또

▶ 이걸 어떻다고 생각하세요?

¿Qué piensa de esto?

께 삐엔사 데 에스또

▶ 무슨 말을 하려는 거죠?

¿Qué quiere decir?

께 끼에레 데씨르

▶ 내게 설명 좀 해 주시겠어요?

¿Podría explicármelo, por favor?

뽀드리아 엑스쁠리까르멜로 뽀르 빠보르

▶ 그게 사실인가요?

¿Es verdad eso?

에스 베르닫 에소

Voca deber ~해야 한다 explicar 설명하다

의견에 대해 긍정할 때

Suena bien은 상대의 의견에 긍정하는 대표적인 말이다. 다만, 이때 동사는 sonar 동사로 불규칙으로 변화하니 주의해야 한다. "소리"라는 명사는 sonido이다.

▶ 흥미 있는 얘기입니다.

Eso suena divertido.

에소 수에나 디베르띠도

▶ 문제없어요.

No hay problema.

노 아이 쁘로블레마

▶ 좋아요.

Está bien.

에스따 비엔

▶ 이것으로 하겠어요.

Me quedaré con esto.

메 께다레 꼰 에스또

▶ 제가 보장합니다.

Lo garantizo.

로 가란띠소

Voca sonar (~처럼) 들리다 quedarse con algo ~을 고르다

의견에 대해 부정할 때

스페인어에서 부정의 표현을 만들 때에는 동사 앞에 No만 붙이면 된다. 따라서 부정할 때는 긍정의 표현에서 No만 붙여줘도 만들 수 있다. Estoy de acuerdo. "동의합니다." ⇨ No estoy de acuerdo. "동의하지 않습니다."가 대표적인 예이다.

▶ 그걸 뭐라고 꼬집어 말할 수는 없습니다.

No sabría decirlo con exactitud.

노 사브리아 데씨를로 꼰 엑싸띠뚜드

▶ 두고 봐야죠.

Ya veremos.

야 베레모스

▶ 가망이 없어요.

No hay esperanza.

노 아이 에스뻬란사

▶ 저하고는 거리가 멉니다.

Eso no va conmigo.

에소 노 바 꼰미고

▶ 상관없어요.

No me importa.

노 메 임뽀르따

Voca exactitud 정확함 esperanza 희망

의견을 칭찬하는 방법은 다양하다. ¡Qué buena idea! "좋은 생각입니다.", Me gusta su opinión. "당신의 생각이 맘에 듭니다.", Estoy imsionado. "인상 깊습니다." 등 칭찬은 과장을 해도 좋으니 다양한 표현으로 칭찬을 해보자.

▶ 훌륭한 의견 감사합니다.

Gracias por su excelente opinión.

그라시아스 뽀르 수 엑쎌렌떼 오삐니온

▶ 천만에요, 그 생각은 당신이 해낸 건데요.

Para nada, la idea fue suya.

빠라 나다 라 이데아 뿌에 수야

▶ 당신 말에도 일리가 있어요.

Tiene razón en lo que dice.

띠에네 라손 엔 로 께 디쎄

▶ 정말 좋은 생각이군요!

¡Qué buena idea!

께 부에나 이데아

▶ 그거 환상적인 생각이네요!

¡Es una idea brillante!

에스 우나 이데아 브리얀떼

Voca excelente 훌륭한, 우수한 tener razón 일리가 있다

의견을 주고받는 대화에서 가장 중요한 것은 상대방의 의견을 잘 듣고, 나의 생각을 명확하고 예의 있게 표현하는 것이다. 이 장에서는 '찬성'과 '반대'뿐 아니라, 공감, 유보, 존중, 칭찬 등 다양한 태도를 표현하는 방법을 익히게 된다. 스페인어에서도 찬반의 표현은 단순히 Sí와 No를 넘어서 상황에 맞는 뉘앙스와 말투가 중요하다.

Día 087 — 동의할 때

상대방의 말에 동의하거나 공감할 때는 단순히 Sí라고 답하는 것보다 조금 더 풍부한 표현으로 반응하면 대화가 훨씬 자연스럽고 깊어진다. 아래 표현 외에도 Tiene razón. "맞는 말씀이에요.", Así es. "맞아요." 등의 표현도 있다.

▶ 좋은 생각입니다.

Es una buena idea.

에스 우나 부에나 이데아

▶ 동의합니다.

Estoy de acuerdo.

에스또이 데 아꾸에르도

▶ 당신에게 동의합니다.

Estoy de acuerdo con usted.

에스또이 데 아꾸에르도 꼰 우스뗀

▶ 예, 동의합니다.

Sí, opino lo mismo.

씨 오삐노 로 미스모

Voca estar de acuerdo con ~의 말에 동의하다 opinar 생각하다

Parte 3 의견 표현

부분적으로 동의할 때

어느 정도는 동의하지만 전적으로는 아니라는 의미이기 때문에 긍정의 말 뒤에 역접의 접속사 pero를 넣어주면 자연스러운 표현이 된다. 한편, "전적으로"라는 의미의 부사는 아래와 같다. completamente, totalmente.

▶ 백번 옳은 이야기입니다만,

Tiene toda la razón, pero

띠에네 또다 라 라손 뻬로

▶ ~에 전적으로 동의하지는 않습니다.

No estoy completamente de acuerdo con~

노 에스또이 꼼쁠레따멘떼 데 아꾸에르도 꼰

▶ 무슨 말씀인지는 알겠습니다마는,

Entiendo su opinión, pero

엔띠엔도 수 오삐니온 뻬로

▶ 어느 정도는 그렇습니다마는,

En parte es cierto, pero

엔 빠르떼 에스 씨에르또 뻬로

▶ 아마 맞을 겁니다마는,

Quizás esté en lo cierto, pero

끼사스 에스떼 엔 로 씨에르또 뻬로

Voca ser cierto 맞다 quizás 아마도

상대방이 옳고 자신이 틀렸다고 할 때

Tiene razón은 "당신의 말이 맞습니다."라는 의미이다. 여기에 Tiene toda la razón이라고 강조를 해주면 "당신의 말이 완전히/전적으로 맞습니다."라는 의미이기에 앞서 배운 부사를 활용할 뿐만 아니라 위와 같이 활용해도 좋다.

▶ 예, 아마 그 점에 대해서는 제가 틀렸습니다만,

Sí, quizás me equivoqué en ese punto,

씨 끼사스 메 에끼보께 엔 에세 뿐또

▶ 바로 그 말씀을 하시려는군요.

Justo eso es lo que quería decir.

후스또 에소 에스 로 께 께리아 데씨르

▶ 그건 생각해 보지 못했군요.

No lo había pensado.

노 로 아비아 뺀사도

▶ 미안합니다. 당신 말이 옳습니다.

Lo siento. Tiene razón.

로 씨엔또 띠에네 라손

▶ 당신 말이 충분히 옳은 이야기입니다.

Tiene toda la razón en lo que dice.

띠에네 또다 라 라손 엔 로 께 디쎄

Parte 3 의견 표현

Voca equivocarse 실수하다, 혼동하다 justo 바로

찬성할 때

찬성할 때에는 감탄사 형태만 써도 찬성한다는 표현을 할 수 있다. 예를 들면, ¡Genial!, ¡Claro que sí!와 같이 밝고 경쾌한 표현으로 훨씬 자연스럽고 긍정적인 인상을 주면서 찬성의 의사표시를 할 수 있다.

▶ 찬성합니다.

Estoy de acuerdo.

에스또이 데 아꾸에르도

▶ 그 계획에 찬성합니다.

Estoy de acuerdo con ese plan.

에스또이 데 아꾸에르도 꼰 에세 쁠란

▶ 그것에 찬성합니다.

Estoy de acuerdo con eso.

에스또이 데 아꾸에르도 꼰 에소

▶ 유감스럽지만, 찬성합니다.

Lo siento, pero estoy de acuerdo.

로 씨엔또 뻬로 에스또이 데 아꾸에르도

▶ 당신의 모든 의견에 찬성입니다.

Estoy de acuerdo con todas sus opiniones.

에스또이 데 아꾸에르도 꼰 또다스 수스 오삐니오네스

Voca estar de acuerdo con ~에 대해 동의하다 plan 계획

반대할 때

반대할 때는 너무 직설적이면 상대방의 기분이 나쁠 수 있기 때문에 반대하기 전에 Tengo otra opinión. "다른 의견이 있습니다." 혹은 respeto su opinión, pero... "당신의 의견을 존중합니다만…"과 같은 표현을 넣어주면 완곡하게 의사표시를 할 수 있다.

▶ 그것에 반대합니다.

Estoy en contra de eso.

에스또이 엔 꼰뜨라 데 에소

▶ 그 계획에는 반대합니다.

Estoy en contra de ese plan.

에스또이 엔 꼰뜨라 데 에세 쁠란

▶ 그건 절대 반대입니다.

Estoy totalmente en contra de ello.

에스또이 또딸멘떼 엔 꼰뜨라 데 에요

▶ 당신 말에 찬성할 수 없습니다.

No puedo estar de acuerdo con usted.

노 뿌에도 에스따르 데 아꾸에르도 꼰 우스뗄

▶ 그 의견에 반대합니다.

Estoy en desacuerdo con su opinión.

에스또이 엔 데스아꾸에르도 꼰 수 오삐니온

Voca totalmente 완전히 desacuerdo 불일치

다소 불확실하게 대답할 때

직접적인 답을 피하고 애매하게 답을 할 때, "아마도"라는 표현을 쓴다. 스페인어로 "아마도"의 의미를 지닌 단어들은 다음과 같다. quizás, tal vez, a lo mejor, probablemente, posiblemente.

▶ 그럴지도 모르겠군요.

Puede que sí.

뿌에데 께 씨

▶ 그럴 거야.

Probablemente sí.

쁘로바블레멘떼 씨

▶ 아마 그럴 거야.

Quizás sea así.

끼사스 쎄아 아씨

▶ 경우에 따라서요.

Depende.

데뻰데

▶ 아마도.

Tal vez.

딸 베스

Voca　probablemente 아마도　depender de ~에 달려있다

대화 중 상대방에게 부드럽게 또는 단호하게 주의를 줄 때가 있다. 스페인어에서는 상황과 친밀도에 따라 다양한 표현을 사용한다. 친구에게는 가볍게, 직장이나 공식적인 자리에서는 좀 더 정중하고 명확한 표현이 필요하다.

Día 093 · 주의를 줄 때

위험한 상황에서 주의하라고 얘기할 때 대표적으로 할 수 있는 말은 ¡Cuidado!이다.

Parte 3 의견 표현

▶ 조심해!

¡Tenga cuidado!

뗑가 꾸이다도

▶ 그러면 안 돼요.

Esto no está bien.

에스또 노 에스따 비엔

▶ 이러시면 안 되는데요.

No debería hacer eso.

노 데베리아 아쎄르 에소

▶ 쓸데없는 짓 마요.

No haga tonterías.

노 아가 똔떼리아스

Voca cuidado 주의, 조심 tontería 어리석은 짓, 어리석은 말

꾸짖을 때

culpa는 "잘못"이라는 의미로 Es mi culpa라고 하면 "내 잘못이야." 라는 의미이다. 축구 경기에서도 패스 미스와 같은 실수를 한다면 Mi culpa. "내 잘못이야."라고 팀원들에게 이야기하기도 한다.

▶ 네 책임이야.

Es tu culpa.

에스 뚜 꿀빠

▶ 내 탓으로 돌리지 마!

¡No me eches la culpa!

노 메 에체스 라 꿀빠

▶ 창피하지도 않아요?

¿No le da vergüenza?

노 레 다 베르구엔사

▶ 너 정신 나갔구나!

¡Estás loco!

에스따스 로꼬

Voca echar la culpa a~ ~의 탓을 하다 vergüenza 부끄러움

타이를 때

"해야 한다."는 스페인어로 tener que 동사 원형 혹은 deber 동사 원형의 형태로 나타낼 수 있다. 일반적인 의무나 누구나 해야 하는 일에는 hay que 동사 원형도 활용할 수 있다. Tengo que estudiar. "나는 공부해야 해.", Debes decir la verdad. "너는 진실을 말해야 해.", Hay que respetar las reglas. "규칙을 지켜야 한다."

▶ 도중에 일을 그만두면 안 돼요.

No debería abandonar a mitad de camino.

노 데베리아 아반도나르 아 미딸 데 까미노

▶ 그것을 하는 것이 네 의무야.

Es tu deber hacerlo.

에스 뚜 데베르 아쎄를로

▶ 너에게 필요한 것은 좀 더 노력하는 일이야.

Lo que necesitas es esforzarte más.

로 께 네쎄시따스 에스 에스뽀르싸르떼 마스

▶ 자존심을 가져라.

Ten un poco de orgullo.

뗀 운 보꼬 데 오르구요

▶ 달리 생각할 수는 없니?

¿No podrías pensarlo de otra manera?

노 뽀드리아스 뻰사를로 데 오뜨라 마네라

Voca abandonar 그만두다 orgullo 자존심, 자부심

Parte 3 의견 표현

변명을 듣고 싶지 않을 때

영어는 명령 표현을 할 때, 문장 앞에 동사 원형을 쓰지만 스페인어는 동사가 각 인칭에 따라 바뀐다. 그리고 불규칙한 경우도 있기 때문에 많이 활용하는 동사들의 형태는 꼭 외워둬야 한다. 뿐만 아니라, 긍정 명령과 부정 명령의 경우도 형태가 다르기에 많은 노력이 필요하다.

▶ 변명하지 마세요.

No ponga excusas.

노 뽕가 엑스꾸사스

▶ 변명은 듣고 싶지 않아.

No quiero oír excusas.

노 끼에로 오이르 엑스꾸사스

▶ 이제 변명은 됐어.

Ya basta de excusas.

야 바스따 데 엑스꾸사스

▶ 그건 변명이 안 돼.

Eso no es una excusa válida.

에소 노 에스 우나 엑스꾸사 발리다

▶ 억지 변명하지 마세요.

No trate de justificar lo injustificable.

노 뜨라떼 데 후스띠삐까르 로 인후스띠삐까블레

Voca   excusa 변명 basta de 충분해, 이제 그만

¿por qué no~?/podría~/¿le gustaría~? 표현은 권유의 성격이 강하다. 동사를 써서 권고나 충고를 하려면 aconsejar, recomendar 등을 쓸 수 있다.

Día 097 충고할 때

"조언하다", "충고하다"의 의미를 지닌 동사는 aconsejar다. te aconsejo que~로 쓰이는데, 기본적으로 상대방의 행동변화를 요구하는 동사들과 쓰인다. Te aconsejo que hables con él. "그와 얘기해보는 걸 너에게 추천해."

▶ 나를 실망시키지 마세요.

No me decepcione.

노 메 데쎕씨오네

▶ 잊지 말고 기억하세요.

No lo olvide.

노 로 올비데

▶ 자존심을 버리세요.

Deje a un lado su orgullo.

데헤 아 운 라도 수 오르구요

▶ 최선을 다하세요.

Haga su mejor esfuerzo.

아가 수 메호르 에스뿌에르소

Voca decepcionar 실망시키다 dejar a un lado 무시하다

조언할 때

조언할 때 쓰는 표현인 sería는 ser 동사의 직설법 가정법 미래 형태이다. 가정법 미래는 정중함과 완곡함을 기반으로 하는 표현이기에 조언할 때 적절하다. 형태는 (-ía, -ías, -ía, -íamos, -íais, -ían)이다.

▶ 쉬는 게 좋지 않겠어요?

¿No cree que sería bueno descansar un poco?

노 끄레에 께 쎄리아 부에노 데스깐사르 운 뽀꼬

▶ 스페인어 회화 개인 교습을 받아 보지 그래?

¿Por qué no recibe clases particulares de conversación en español?

뽀르 께 노 레씨베 끌라세스 빠르띠꿀라레스 데 꼰베르사시온 엔 에스빠뇰

▶ 이제 슬슬 가는 게 좋지 않겠니?

¿No sería mejor irse ya?

노 쎄리아 메호르 이르쎄 야

▶ 포기하지 않는 게 좋겠어.

Sería mejor no rendirse.

쎄리아 메호르 노 렌디르쎄

▶ 규칙대로 하는 것이 좋을 겁니다.

Sería mejor seguir las reglas.

쎄리아 메호르 쎄기르 라스 레글라스

Voca descansar 쉬다 rendirse 포기하다

의무·당연을 나타낼 때

porque는 "왜냐하면", "~때문에"라는 의미의 단어이지만 문장 앞에 올 수 없다. 앞에 "왜냐하면", "~때문에"의 의미를 써야 하는 경우 como가 그 역할을 한다.

▶ 스페인어를 더욱 연습해야겠어요.

Debería practicar más mi español.

데베리아 쁘락띠까르 마스 미 에스빠뇰

▶ 시간이 없으니까 서두르지 않으면 안 됩니다.

Como no tenemos tiempo, debemos apresurarnos.

꼬모 노 떼네모스 띠엠뽀 데베모스 아쁘레수라르노스

▶ 가야겠습니다.

Debo irme.

데보 이르메

▶ 보고서는 스페인어로 써야 합니다.

Debe redactar el informe en español.

데베 레닥따르 엘 인뽀르메 엔 에스빠뇰

▶ 조심해야 합니다.

Debe tener cuidado.

데베 떼네르 꾸이다도

Voca apresurarse 서두르다 redactar 작성하다

대화 중에 자연스럽게 상대에게 무엇인가를 제안하거나 권유하는 표현을 배우는 챕터이다. 상대방의 의견을 존중하면서도 부드럽게 제안하는 방식이 중요하며, 때로는 직설적으로, 때로는 간접적으로 표현된다. 특히 스페인어에서는 정중함을 잃지 않기 위해 조건법이나 접속법을 활용하는 표현이 자주 사용되니 참고하자.

Día 100 — 제안할 때

¿qué tal si~?, ¿podríamos~? 등과 같은 여러가지 제안 표현이 있다. 간단하게 1인칭 복수 명령형으로도 제안을 할 수 있다.

▶ 털어 놓고 얘기합시다.

Hablemos con franqueza.

아블레모스 꼰 쁘란께사

▶ 이제 그만합시다.

Terminemos aquí.

떼르미네모스 아끼

▶ 오늘은 이만 합시다.

Hoy lo dejamos aquí.

오이 로 데하모스 아끼

▶ 쉽시다.

Descansemos.

데스깐세모스

Voca franqueza 솔직함

권유할 때

¿no le importaría~?의 구조를 지닌 문장은 답을 할 때 유의해야 한다. 직역하면 "~하는 게 당신에게 불편하지 않겠습니까?"이다. 따라서 No라고 대답하면 불편하지 않으니 좋다는 의미이고 반대로 Sí라고 대답하면 불편하니 좋지 않다는 의미이다.

▶ 테니스 치러 갈까요?

¿Qué le parece si vamos a jugar al tenis?

께 레 빠레쎄 씨 바모스 아 후가르 알 떼니스

▶ 저하고 쇼핑 가실래요?

¿Le gustaría venir de compras conmigo?

레 구스따리아 베니르 데 꼼쁘라스 꼰미고

▶ 커피 한 잔 드시겠어요?

¿Le apetece tomar un café?

레 아뻬떼세 또마르 운 까뻬

▶ 창문 좀 열어 주실래요?

¿No le importaría abrir la ventana?

노 레 임뽀르따리아 아브리르 라 벤따나

▶ 내일 저녁식사 같이 하실래요?

¿Le gustaría cenar conmigo mañana?

레 구스따리아 쎄나르 꼰미고 마냐나

Voca tenis 테니스 café 커피 cenar 저녁을 먹다

제안·권유에 응할 때

Sí/Perfecto/Claro que sí/Encantado/Buena idea/Me parece bien 등과 같은 표현으로 제안을 수락할 수 있다.

▶ 좋습니다.

Está bien.

에스따 비엔

▶ 네, 그렇게 하겠습니다.

Sí, así lo haré.

씨 아씨 로 아레

▶ 괜찮다면, 제가 함께 가 드리겠습니다.

Si no le importa, le acompañaré.

씨 노 레 임뽀르따 레 아꼼빠냐레

▶ 감사합니다, 그렇게 해 주세요.

Gracias, hágalo, por favor.

그라시아스 아갈로 뽀르 빠보르

▶ 그거 좋은 생각이군요.

Es una buena idea.

에스 우나 부에나 이데아

Voca acompañar 동행하다 idea 생각 importar 중요하다, 상관있다

제안을 거절할 때에는 정중하게 의사 표현하는 것이 가장 중요하다. 따라서 거절하기 전에 Lo siento. "죄송합니다."/Gracias. "감사합니다." 등과 같이 상대방의 기분을 배려하는 표현을 말해주고 뒤에 pero "하지만"으로 연결하여 말을 해주면 상대방의 기분을 고려한 거절 표현이 가능하다.

제안·권유를 거절할 때

▶ 그럴 기분이 아닙니다.

No estoy de humor.

노 에스또이 데 우모르

▶ 다음 기회로 미룰까요?

¿Podemos dejarlo para otra ocasión?

뽀데모스 데하를로 빠라 오뜨라 오까시온

▶ 그렇게 하지 맙시다.

Mejor no lo hagamos.

메호르 노 로 아가모스

▶ 고맙지만, 됐습니다.

Gracias, pero no.

그라시아스 뻬로 노

▶ 그럴 생각이 없습니다.

No tengo intención de hacerlo.

노 뗑고 인뗀시온 데 아쎄를로

Voca humor 기분, 유머 ocasión 기회 intención 의도, 생각

부탁이나 도움을 청할 때에는 정중함을 강조하기 위해 가정법 미래 시제를 많이 활용한다. ¿Podría ayudarme? "저를 도와주실 수 있으신가요?", ¿Le importaría cerrar la ventana? "창문 좀 닫아 주시겠습니까?", ¿Sería tan amable de pasarme la sal, por favor? "소금 좀 건네주실 수 있으신가요?" 등이 그 예이다.

Día 104 · 부탁할 때

pedir는 "요청하다"라는 의미의 동사이다. 식당에서 주문할 때도 사용하는 흔한 동사이므로 잘 외워두자.

▶ 부탁 하나 해도 될까요?

¿Puedo pedirle un favor?

뿌에도 뻬디를레 운 빠보르

▶ 실례합니다, 부탁 하나 들어 주시겠어요?

Disculpe, ¿podría hacerme un favor?

디스꿀뻬 뽀드리아 아쎄르메 운 빠보르

▶ 부탁드릴 게 하나 있습니다.

Tengo un favor que pedirle.

뗑고 운 빠보르 께 뻬디를레

▶ 잠시 폐를 끼쳐도 될까요?

¿Puedo molestarle un momento?

뿌에도 모스뜨라를레 운 모멘또

Voca favor 부탁 molestar 폐를 끼치다

llevar는 다양한 뜻이 있는 동사이다. Te llevo al aeropuerto. "너를 공항까지 데려다줄게.", Llevo dos horas estudiando. "나는 두 시간 동안 공부 중이야.", Ella lleva un vestido rojo. "그녀는 빨간 드레스를 입고 있다." 이렇게 "데리고 가다", "(시간이) 경과하다", "입다" 등의 다양한 의미가 있다.

▶ 좀 태워다 주시겠습니까?

¿Podría llevarme en coche?

뽀드리아 예바르메 엔 꼬체

▶ 당신 것을 빌려 주시겠습니까?

¿Podría prestarme lo suyo?

뽀드리아 쁘레스따르메 로 수요

▶ 돈을 좀 빌릴 수 있을까요?

¿Puede prestarme algo de dinero?

뿌에데 쁘레스따르메 알고 데 디네로

▶ 문 좀 열어 주시겠어요?

¿Podría abrir la puerta, por favor?

뽀드리아 아브리르 라 뿌에르따 뽀르 빠보르

▶ 저와 함께 가실래요?

¿Quiere acompañarme?

끼에레 아꼼빠냐르메

Parte 3 의견 표현

Voca prestar 빌려주다 puerta 문

가벼운 명령조로 부탁할 때

스페인어 명령형은 인칭마다 형태가 다르다. hablar "말하다" 동사를 예로 들면 habla는 tú(너)에 대한 명령이고 hable는 usted(당신)에 대한 명령이다. 이렇듯 인칭마다 다르니 잘 사용해야 하고 정중한 명령을 위해서는 뒤에 꼭 por favor를 붙이도록 하자.

▶ 문을 닫아 주세요.

Cierre la puerta, por favor.

씨에레 라 뿌에르따 뽀르 빠보르

▶ 스위치를 켜 주세요.

Encienda el interruptor, por favor.

엔씨엔다 엘 인떼룹또르 뽀르 빠보르

▶ 잠시 기다려요.

Espere un momento, por favor.

에스뻬레 운 모멘또 뽀르 빠보르

▶ 커피 두 잔 주세요.

Dos cafés, por favor.

도스 까뻬스 뽀르 빠보르

▶ 저도 같은 걸로 주세요.

Lo mismo para mí, por favor.

로 미스모 빠라 미 뽀르 빠보르

Voca interruptor 스위치 esperar 기다리다

부탁을 들어줄 때

상대방의 부탁이나 요청을 수락할 때 쓰는 표현으로는 Por supuesto/ No hay problema/Con gusto/Sí/Claro 등이 있다.

▶ 물론이죠.

Por supuesto.

뽀르 수뿌에스또

▶ 예, 그러지요.

Sí, claro.

씨 끌라로

▶ 기꺼이 하겠습니다.

Con mucho gusto.

꼰 무초 구스또

▶ 그렇게 하세요.

Hágalo.

아갈로

▶ 그럼요(문제없어요).

No hay problema.

노 아이 쁘로블레마

Parte 3   의견 표현

Voca   por supuesto 물론입니다 con ~와 함께 gusto 기쁨

부탁을 거절할 때

정중히 거절하려면 이유를 간단히 설명하고 사과하는 표현을 함께 쓰는 것이 중요하다. 예를 들어 lo siento, pero "죄송하지만"이나 me gustaría, pero "도와드리고 싶지만" 같은 말을 사용해서 상대방의 감정을 존중하는 태도를 보여줄 수 있다.

▶ 안 되겠는데요.

No puede ser.

노 뿌에데 쎄르

▶ 미안하지만, 지금은 안 되겠는데요.

Lo siento, pero ahora no puedo.

로 씨엔또 뻬로 아오라 노 뿌에도

▶ 미안하지만, 그렇게는 안 되겠는데요.

Lo siento, pero no es posible.

로 씨엔또 뻬로 노 에스 뽀시블레

▶ 그건 무리한 요구입니다.

Es una petición excesiva.

에스 우나 뻬띠시온 엑쎄시바

▶ 시간이 필요합니다.

Necesito un momento.

네쎄시또 운 모멘또

Voca　petición 요청　excesivo 무리한

Día
109

우회적으로 거절할 때

못하겠다고 바로 거절하는 것이 아니라 이번이 아닌 다음에 해 보겠다고 우회적으로 거절할 때 쓸 수 있는 말이다. 사실상 거절하는 것이지만 거절하고 끝나는 것이 아니라 다음을 기약하는 뉘앙스이므로 지금은 아니다 혹은 다음에 기회가 된다면 하겠다는 의미를 담는 것이 필요하다.

▶ 어쩐지 할 기분이 아니군요.

No estoy de humor.

노 에스또이 데 우모르

▶ 아직 그럴 준비가 되지 않았습니다.

Todavía no estoy preparado.

또다비아 노 에스또이 쁘레빠라도

▶ 다음 기회에 꼭 할 거예요.

La próxima vez, seguro.

라 쁘록시마 베스 쎄구로

▶ 금방은 무리라고 생각합니다.

Creo que de momento es difícil.

끄레오 께 데 모멘또 에스 디삐실

▶ 그걸 다른 사람에게 부탁해 보는 게 어때요?

¿Por qué no se lo pide a otra persona?

뽀르 께 노 세 로 삐데 아 오뜨라 뻬르소나

Voca todavía 아직 preparado 준비된

도움을 주고받을 때

"도움"을 의미하는 단어는 ayuda이다. 동사는 ayudar로 동사변화에 따르면 직설법 현재 3인칭 단수 형태가 ayuda이니 명사와 혼동하지 않도록 주의해야 한다.

▶ 저 좀 도와주시겠어요?

¿Puede ayudarme, por favor?

뿌에데 아유다르메 뽀르 빠보르

▶ 도움이 필요하세요?

¿Necesita ayuda?

네쎄시따 아유다

▶ 당신의 도움이 필요해요.

Necesito su ayuda.

네쎄시또 수 아유다

▶ 도와드릴까요?

¿Quiere que le ayude?

끼에레 께 레 아유데

▶ 뭘 해 드릴까요?

¿Qué puedo hacer por usted?

께 뿌에도 아쎄르 뽀르 우스뗃

Voca ayudar 돕다 ayuda 도움

상대방을 설득하거나 의사를 확인할 경우 "잘 생각해 봐."의 의미로 Píenselo bien, por favor. "잘 생각해 보세요." 혹은 Considérelo "고려해 보세요."를 사용한다. 또한 para ser sincero "솔직히 말해서", desde mi punto de vista "제 관점에서는"처럼 자신의 생각을 드러내는 것도 상대방에게 믿음을 심어 주게 된다.

Día 111 · 설득할 때

de nuevo는 "다시 한번"이라는 의미로 이 외에도 otra vez, una vez más, nuevamente 등이 유사한 표현이다.

▶ 재검토해 주세요.

Por favor, revíselo de nuevo.

뽀르 빠보르 레비셀로 데 누에보

▶ 날 믿어 주세요.

Le pido que confíe en mí.

레 삐도 께 꼰삐에 엔 미

▶ 제 말 좀 들어 주세요.

Escúcheme, por favor.

에스꾸체메 뽀르 빠보르

▶ 만약 내가 너라면, 그렇게 하지 않았을 텐데.

Si yo fuera tú, no lo haría.

씨 요 뿌에라 뚜 노 로 아리아

Voca revisar 검토하다 confiar 믿다

고집을 피울 때

manera는 "방법", "방식"이라는 의미로 modo, forma 등도 같은 의미이다. "내 방식대로"는 a mi modo, como yo quiero 등의 표현과 바꿔 쓸 수 있다.

▶ 내 방식대로 하겠어요.

Lo haré a mi manera.

로 아레 아 미 마네라

▶ 저에게 강요하지 마세요.

No me obligue, por favor.

노 메 오블리게 뽀르 빠보르

▶ 그는 항상 자기 마음대로 하려고 해요.

Siempre quiere hacer lo que le da la gana.

씨엠쁘레 끼에레 아쎄르 로 께 레 다 라 가나

▶ 제가 처리하도록 하겠습니다.

Permítame encargarme de ello.

뻬르미따메 엔까르가르메 데 에요

▶ 더 이상 이 일을 못 맡겠습니다.

No puedo seguir con esto.

노 뿌에도 쎄기르 꼰 에스또

Voca obligar 강요하다 encargarse 처리하다, 책임지다

의중을 확인할 때

lado는 영어의 side에 해당하는 표현으로 "면", "측면"으로 해석된다. Trabajar en casa tiene un lado malo y un lado bueno. "재택근무를 하는 것은 나쁜 면도 있고 좋은 면도 있다." 또한, "편"으로 해석되기도 한다. Yo estoy de tu lado. "나는 네 편이야."라고 활용할 수 있다.

▶ 그의 제안을 어떻게 처리하실 건가요?

¿Qué piensa hacer con su propuesta?

께 삐엔사 아쎄르 꼰 수 쁘로뿌에스따

▶ 당신은 누구 편이세요?

¿De qué lado está?

데 께 라도 에스따

▶ 진심으로 그런 말을 하시는 겁니까?

¿Lo dice en serio?

로 디쎄 엔 세리오

▶ 어떻게 할 작정입니까?

¿Qué piensa hacer al respecto?

께 삐엔사 아쎄르 알 레스뻭또

▶ 무엇을 할 생각이세요?

¿Qué tiene pensando hacer?

께 띠에네 뻰산도 아쎄르

Voca propuesta 제안 pensado 생각한, 계획한

당위성을 말할 때

ir는 "가다"라는 의미의 동사이고, 불규칙적으로 변한다. (voy, vas, va, vamos, vais, van) 한편, ir에 se가 붙은 irse는 "떠나다"의 의미를 지닌다. Voy al supermercado. "나는 슈퍼마켓에 간다."와 Ya me voy. "나 이제 갈게." 이렇게 두 동사는 비슷해 보여도 의미와 쓰임이 다르다.

▶ 이만 가 봐야 합니다.

Ya debo irme.

야 데보 이르메

▶ 오늘은 야근을 해야 합니다.

Hoy tengo que trabajar hasta tarde.

오이 뗑고 께 뜨라바하르 아스따 따르데

▶ 거기에 가시면 안 됩니다.

No debe ir allí.

노 데베 이르 아이

▶ 그에게도 기회를 줘야 합니다.

También debe darle una oportunidad.

땀비엔 데베 다를레 우나 오뽀르뚜니닫

▶ 그 사람 말을 그대로 믿으시면 안 됩니다.

No debe creerle todo lo que dice.

노 데베 끄레에를레 또도 로 께 디쎄

Voca oportunidad 기회 quedarse 남다

결심을 유보하거나 바꿀 때

"결정하다", "결심하다"의 의미를 지닌 동사는 decidir다. Juan ha decidido estudiar coreano. "후안은 한국어 공부를 결심했다." 이렇게 뒤에 바로 동사 원형이 나오니 주의해야 한다.

▶ 지금은 말하고 싶지 않습니다.

Prefiero no decir nada ahora.

쁘레삐에로 노 데씨르 나다 아오라

▶ 그것에 대해 많이 생각해 봤어요.

He pensado mucho sobre eso.

에 뻰사도 무초 소브레 에소

▶ 글쎄, 어떻게 할까?

No sé, ¿qué hago?

노 쎄 께 아고

▶ 좀 더 두고 봅시다.

Esperemos un poco más.

에스뻬레모스 운 뽀꼬 마스

▶ 좀 더 생각해 보세요.

Piénselo mejor.

삐엔셀로 메호르

Voca pensar 생각하다 esperar 기다리다

결심했을 때

앞서 "결정하다", "결심하다"의 의미를 지닌 동사가 decidir라고 배웠다. 이와 같은 표현으로는 tomar una decisión이 있다.

▶ 어려운 결심을 하셨군요.

Ha tomado una decisión difícil.

아 또마도 우나 데씨시온 디삐실

▶ 절대 입 밖에 내지 않기로 맹세할게요.

Le juro que no diré nada.

레 후로 께 노 디레 나다

▶ 나는 작가가 되기로 결심했어요.

He decidido ser escritor.

에 데씨디도 쎄르 에스끄리또르

▶ 나는 굳게 결심했어.

Estoy decidido.

에스또이 데씨디도

▶ 두고 보십시오.

Ya lo verá.

야 로 베라

Voca decisión 결심, 결정 jurar 맹세하다

결정할 때

moneda는 "동전"이고 billete는 "지폐"다. 참고로 billete는 "승차권"이라는 의미도 지니고 있기에 주의해야 한다. 이외에 돈과 관련 유용한 표현으로는 caro "비싼", barato "싼", cambio "잔돈" 등이 있다.

▶ 결정하셨습니까?

¿Ha tomado una decisión?

아 또마도 우나 데씨시온

▶ 전 생각을 바꿨습니다.

He cambiado de opinión.

에 깜비아도 데 오삐니온

▶ 그것은 만장일치로 결정되었습니다.

Se decidió por unanimidad.

세 데씨디오 뽀르 우나니미닫

▶ 동전을 던져서 결정합시다.

Decidámoslo lanzado una moneda.

데씨다모슬로 란사도 우나 모네다

▶ 그건 당신이 결정할 일이에요.

Eso lo debe decidir usted.

에소 로 데베 데씨디르 우스뗃

Voca unanimidad 만장일치 moneda 동전

결정하기 곤란하거나 못 했을 때

결정을 내리기 어려울 때 스페인어에서는 흔히 No sé qué hacer. "뭘 해야 할지 모르겠어요.", Estoy indeciso. "결정하지 못하겠어요." 같은 표현을 사용한다.

▶ 그건 제 마음대로 결정할 수가 없습니다.

No puedo decidirlo yo solo.

노 뿌에도 데씨디를로 요 쏠로

▶ 어떻게 해야 할지 모르겠군요.

No sé qué hacer.

노 쎄 께 아쎄르

▶ 어떻게 결정하셔도 저는 좋아요.

Lo que decida, está bien para mí.

로 께 데씨다 에스따 비엔 빠라 미

▶ 아직 결정을 못 했어요.

Todavía no he decidido.

또다비아 노 에 데씨디도

▶ 아직 결정되지 않았습니다.

Aún no se ha decidido.

아운 노 쎄 아 데씨디도

Voca decidir 결정하다 aún 아직

08 지시와 명령을 할 때

스페인어에서 명령은 명령법을 사용하거나 의문문이나 현재시제 등을 이용하여 직접, 간접적으로 표현할 수 있다. 명령법은 긍정형과 부정형이 구분되며 상대에 대한 명령만 가능하므로 tú, vosotros, usted, ustedes에 대한 명령형이 있고 nosotros에 대한 명령형은 "~하자"라는 청유적 의미를 띈다.

Día 119 — 지시할 때

스페인어로 월요일부터 일요일은 다음과 같다. lunes "월요일", martes "화요일", miércoles "수요일", jueves "목요일", viernes "금요일", sábado "토요일", domingo "일요일". 모두 남성명사로 취급하니 참고하자.

▶ 이번 주 금요일까지 확실히 끝내게나.

Asegúrese de terminarlo antes del viernes.

아쎄구레세 데 떼르미나를로 안떼스 델 비에르네스

▶ 그 사람 빨리 좀 데려오세요.

Tráigalo cuanto antes, por favor.

뜨라이갈로 꾸안또 안떼스 뽀르 빠보르

▶ 그 사람 지시를 따르세요.

Siga sus instrucciones.

씨가 수스 인스뜨룩시오네스

▶ 그건 이렇게 하세요.

Hágalo de esta manera.

아갈로 데 에스따 마네라

Voca instrucción 지시 asegurarse 확실히 하다

¡Basta! 혹은 ¡Ya basta!는 스페인어에서 "이제 그만!"이라는 의미를 지닌 말인데, 누군가가 계속 귀찮게 할 때나, 참기 힘든 상황, 누군가에게 경고하는 상황, 타인의 행동이 선을 넘을 때 등 다양한 상황에서 쓰인다.

▶ 조심해!

¡Tenga cuidado!

뗑가 꾸이다도

▶ 조용히 해!

¡Silencio!

실렌시오

▶ 자, 조용히!

Ya, ¡silencio!

야 실렌시오

▶ 이것 좀 와서 봐 봐!

¡Venga a ver esto!

벵가 아 베르 에스또

▶ 이리 와!

¡Venga aquí!

벵가 아끼

Voca tener cuidado 조심하다 silencio 조용함, 침묵

부정명령에서는 목적격 대명사를 No와 동사 사이에 각각 띄어서 쓴다. No lo hagas. "하지 마.", No me hables. "내게 말하지 마.", No me la diga. "그것을 제게 말하지 마세요."

▶ 바보같이 굴지 마!

¡No haga tonterías!

노 아가 똔떼리아스

▶ 버릇없이 굴지 마!

¡No sea grosero!

노 쎄아 그로쎄로

▶ 화내지 마!

¡No se enfade!

노 쎄 엔빠데

▶ 바보 같은 소리 마!

¡No diga tonterías!

노 디가 똔떼리아스

▶ 간섭하지 마!

¡No se meta!

노 세 메따

Voca tontería 바보 같은 짓 meterse 간섭하다

경고할 때

"멈춰"의 의미인 Alto는 스페인어 표지판에서도 많이 보이는 문구로, 도로에서의 정지신호이다.

▶ 꼼짝 마!

¡Quieto!

끼에또

▶ 엎드려!

¡Al suelo!

알 수엘로

▶ 손들어!

¡Arriba las manos!

아리바 라스 마노스

▶ 멈춰!

¡Alto!

알또

▶ 움직이지 마!

¡No se mueva!

노 쎄 무에바

Voca suelo 바닥 mano 손

누군가가 일을 천천히 하거나 지체할 때, 스페인어에서는 다양한 표현으로 재촉하거나 여유를 가지라고 말할 수 있다. 예를 들어, ¿Por qué te lo tomas con tanta calma? "왜 그렇게 천천히 해?"처럼 상대방의 행동을 재촉할 수 있다. 좀 더 직접적으로는 ¡Date prisa! "서둘러!" 같은 표현이 있다. 반대로 여유를 가지라고 할 때는 Tómalo con calma. "천천히 해." 같은 표현들이 흔히 쓰인다.

Día 123 — 재촉할 때

서두르라고 할 때, 상대가 tú인 경우 가장 흔히 쓰는 말은 ¡Date prisa! 다.

▶ 서두르세요!

¡Apúrese, por favor!

아뿌레세 뽀르 빠보르

▶ 서둘러 주시겠습니까?

¿Podría darse prisa, por favor?

뽀드리아 다르세 쁘리사 뽀르 빠보르

▶ 서두르자.

Vamos a darnos prisa.

바모스 아 다르노스 쁘리사

▶ 저 몹시 급해요.

Tengo muchísima prisa.

뗑고 무치시마 쁘리사

Voca darse prisa 서두르다 tener prisa 급하다

스페인어에도 다양한 속담이나 비유 표현들이 있다. 여유를 가져야 하는 상황에서 쓸 수 있는 표현으로는 Vísteme despacio que tengo prisa. "서두르고 있으니 천천히 옷을 입혀라." 즉, 급할수록 침착해야 한다는 의미를 담고 있는 표현이다.

▶ 천천히 하세요.

Tómese su tiempo.

또메세 수 띠엠뽀

▶ 서두를 필요 없어요.

No hace falta que se apure.

노 아쎄 빨따 께 쎄 아뿌레

▶ 나중에 해도 돼요.

Puede hacerlo más tarde.

뿌에데 아쎄를로 마스 따르데

▶ 뭐가 그리 급하세요?

¿Por qué tanta prisa?

뽀르께 딴따 쁘리사

▶ 너무 재촉하지 마세요!

¡No me presione tanto, por favor!

노 메 쁘레시오네 딴또 뽀르 빠보르

Voca tomarse un tiempo 여유를 가지다 presionar a~ ~를 재촉하다

10 추측과 확신을 할 때

상대의 말이 믿기지 않을 때나 농담하는 것처럼 느껴질 때, 또는 맞장구를 칠 때 사용할 수 있는 다양한 표현을 알아보자. 스페인어로는 ¡Estás bromeando!/¡No me digas!/¡Imposible!/¡Increíble! 같은 표현이 자주 쓰인다. 의문을 가지고 확인하고 싶을 때는 ¿De verdad?/¿Estás hablando en serio?/¿Lo dices en serio?/¿Hablas en serio? 등으로 물어볼 수 있다.

Día 125 — 추측과 판단이 맞았을 때

상대방의 예상이나 추측이 옳을 때 Tiene razón./Exacto. 등과 같은 표현을 활용한다.

▶ 그 말에 일리가 있군요!

¡Tiene sentido lo que dice!

띠에네 센띠도 로 께 디쎄

▶ 그럴 줄 알았어!

¡Lo sabía!

로 싸비아

▶ 당신 추측이 딱 맞았어요.

Su suposición fue exacta.

수 수뽀시시온 뿌에 엑삭따

▶ 제가 옳았다는 것이 판명되었어요.

Se ha demostrado que yo tenía razón.

세 아 데모스뜨라도 께 요 떼니아 라손

Voca tener sentido 일리가 있다 demostrar 입증하다

추측과 판단이 다르거나 어려울 때

esperar는 "기대하다", "기다리다"의 의미를 지닌 동사인데 이 동사의 과거분사인 esperado에 부정 접두사인 in-이 붙으면 inesperado라는 동사가 탄생한다. 의미는 "기대하지 않은"이다.

▶ 당신이 오리라고는 전혀 생각을 못 했어요.

No me imaginaba que usted viniera.

노 메 이마히나바 께 우스뗀 비니에라

▶ 그건 전혀 예상 밖의 상황이었어요.

Fue algo totalmente inesperado.

뿌에 알고 또딸멘떼 인에스뻬라도

▶ 아직 모르는 일이에요.

Es algo que aún no se sabe.

에스 알고 께 아운 노 쎄 싸베

▶ 전혀 짐작이 안 가요.

No tengo ni idea.

노 뗑고 니 이데아

▶ 그 사람이 당선될 가능성이 전혀 없어요.

Esa persona no tiene ninguna posibilidad de ganar.

에사 뻬르소나 노 띠에네 닝구나 뽀시빌리닫 데 가나르

Voca inesperado 예상 밖의 posibilidad 가능성

확신하는지 물을 때

estar seguro는 확신하는지 묻는 가장 간단한 표현이다. 이 외에도 no tener dudas. "의심의 여지가 없다.", tener la certeza. "확실하다.", estar convencido. "확신하다." 등의 표현이 있다.

▶ 확신하십니까?

¿Está usted seguro?

에스따 우스뗏 쎄구로

▶ 그거 확실한가요?

¿Eso es seguro?

에소 에스 쎄구로

▶ 무슨 근거로 그런 말을 하는 거지?

¿En qué se basa para decir eso?

엔 께 쎄 바사 빠라 데씨르 에소

▶ 무슨 근거로 그렇게 확신하죠?

¿En qué se basa para estar tan seguro?

엔 께 바사 빠라 에스따르 딴 쎄구로

▶ 왜 그렇게 확신하세요?

¿Por qué está tan seguro?

뽀르께 에스따 딴 쎄구로

Voca estar seguro 확신하다 basarse en ~에 근거하다

확신할 때

확신할 때는 Sí, estoy seguro/Claro que sí/Por supuesto/Sin duda/
Totalmente 등으로 대답할 수 있다.

▶ 물론이죠.

Por supuesto.

뽀르 수뿌에스또

▶ 물론이죠./당연하죠.

Claro que sí.

끌라로 께 시

▶ 당신이 옳다고 확신합니다.

Estoy convencido de que usted tiene razón.

에스또이 꼰벤씨도 데 께 우스뗃 띠에네 라손

▶ 확실합니다.

Es seguro.

에스 쎄구로

▶ 그건 제가 보증합니다.

Yo se lo garantizo.

요 쎄 로 가란띠소

Voca estar convencido 확신하다 garantizar 보증하다

prometer는 "약속하다", "장담하다"의 의미를 지니지만 se가 붙어서 prometerse가 되면 "약혼하다"의 의미를 지니게 되니 헷갈리지 않게 주의해야 한다. Ellos se prometieron el año pasado. "그들은 작년에 약혼했다."

▶ 아직은 확실하지 않습니다.

Aún no es seguro.

아운 노 에스 쎄구로

▶ 확실한 것은 모르겠습니다.

No estoy seguro de ello.

노 에스또이 쎄구로 데 에요

▶ 그 점에 대해선 확실하지 않습니다.

No puedo asegurarle nada al respecto.

노 뿌에도 아쎄구라를레 나다 알 레스뻭또

▶ 장담할 수는 없습니다.

No puedo prometerlo.

노 뿌에도 쁘로메떼를로

▶ 노력하겠지만, 장담은 못 하겠습니다.

Haré lo posible, pero no puedo asegurarlo.

아레 로 뽀시블레 뻬로 노 뿌에도 아쎄구라를로

Voca asegurar 확실히 하다 prometer 약속하다

상대방에게 허가를 구할 때는 먼저 예의 있는 표현인 Disculpe 또는 Perdón을 사용해서 주의를 끌고, 그 다음에 자신의 요청을 말해야 한다. 허가를 요청할 때는 ¿puedo...? "제가 ~해도 될까요?", ¿me permite...? "허락해 주시겠어요?", ¿le importaría...? "신경 쓰이실까요?", déjeme... "제가 ~하게 해 주세요."와 같은 표현을 쓴다. 공손하고 정중하게 허락을 구할 때 사용해보자.

Día 130 양해를 구할 때

양해를 구할 때 대표적인 표현으로는 Disculpe, Perdón이 있다.

▶ 실례합니다.

Disculpe.

디스꿀뻬

▶ 잠깐 실례하겠습니다.

Permítame un momento.

뻬르미따메 운 모멘또

▶ 여기서 담배를 피워도 됩니까?

¿Puedo fumar aquí?

뿌에도 뿌마르 아끼

▶ 말씀 도중에 죄송합니다만,

Perdón por interrumpir, pero

뻬르돈 뽀르 인떼룸삐르 뻬로

Voca disculpar 실례하다 fumar 담배를 피우다 interrumpir 말을 끊다

허가를 구할 때 가장 흔한 표현은 ¿puedo~?이고 "할 수 있다"의 의미를 지닌 동사인 poder의 직설법 현재 1인칭 단수형태이다. 즉, "내가 ~해도 될까요?"의 의미를 지니기에 스페인이나 중남미 여행을 갔을 때 가장 기억해둬야 할 표현 중 하나이다.

▶ 하나 가져가도 돼요?

¿Puedo coger uno?

뿌에도 꼬헤르 우노

▶ 들어가도 돼요?

¿Puedo entrar?

뿌에도 엔뜨라르

▶ 질문 하나 해도 되겠습니까?

¿Podría hacerle una pregunta?

뽀드리아 아쎄를레 우나 쁘레군따

▶ 잠시 실례해도 되겠습니까?

¿Le importa si me ausento un momento?

레 임뽀르따 시 메 아우센또 운 모멘또

▶ 이제 집에 가도 돼요?

¿Puedo irme ya a casa?

뿌에도 이르메 야 아 까사

Voca   coger 집다 ausentarse 자리를 비우다

허가할 때

puedo로 질문을 했다면 상대방에게 답을 할 때, puedes, puede로 답해 주면 된다. 각각 상대를 tú로 지칭할 때, usted으로 지칭할 때 사용한다.

▶ 예, 그렇게 해도 됩니다.

Sí, puede hacerlo.

씨 뿌에데 아쎄를로

▶ 좋아요.

Está bien.

에스따 비엔

▶ 물론이지요.

Por supuesto.

뽀르 수뿌에스또

▶ 어서 하세요.

Adelante.

아델란떼

▶ 문제없습니다.

No hay problema.

노 아이 쁘로블레마

Voca adelante 어서 하세요, 들어오세요

허가하지 않을 때

스페인어는 스페인뿐만 아니라 중남미 대부분의 국가가 사용하는 만큼 각 나라마다 각기 다른 표현들이 존재한다. "주차하다"도 예외가 아닌데 스페인에서는 aparcar, 중미와 남미 북부 국가들은 parquear, 남미의 많은 국가들에서는 estacionar를 사용한다.

▶ 죄송합니다만, 안 됩니다.

Lo siento, pero no puede hacerlo.

로 씨엔또 뻬로 노 뿌에데 아쎄를로

▶ 여기에 주차할 수 없습니다.

No se puede aparcar aquí.

노 쎄 뿌에데 아빠르까르 아끼

▶ 이 물을 마셔서는 안 됩니다.

No se debe beber esta agua.

노 쎄 데베 베베르 에스따 아구아

▶ 밤에 밖에 나가면 안 돼.

No se puede salir por la noche.

노 쎄 뿌에데 살리르 보를 라 노체

▶ 여기서 담배 피워서는 안 됩니다.

No está permitido fumar aquí.

노 에스따 뻬르미띠도 뿌마르 아끼

스페인어에서 예정과 계획을 말할 때 가장 흔히 쓰는 표현은 ir+a+동사 원형으로, 영어의 "be going to"와 비슷하게 미래에 할 일을 자연스럽게 나타낸다. 예를 들어, Voy a viajar mañana. "나는 내일 여행할 거야."처럼 말한다. 공식적이거나 확실한 미래를 말할 때는 미래 시제를 사용하며 Iré a la reunión. "저는 회의에 갈 것입니다." 와 같이 표현한다.

Día 134 · 예정과 계획을 물을 때

quedar는 다양한 의미를 지닌 동사이다. 약속하다 – Quedamos a las ocho. "우리는 8시에 만나기로 했다."/위치하다 – La tienda queda cerca. "그 가게는 가까이 있다."/머무르다(quedarse) – Me voy a quedar en casa hoy. "나는 오늘 집에 머무를 거야."

▶ 주말에는 무엇을 할 예정입니까?

¿Qué va a hacer el fin de semana?

께 바 아 아쎄르 엘 삔 데 쎄마나

▶ 언제 출발합니까?

¿Cuándo se va?

꾸안도 쎄 바

▶ 언제쯤이 좋을까요?

¿Qué momento le viene bien?

께 모멘또 레 비에네 비엔

▶ 공항으로 마중 나오시겠습니까?

¿Podría venir a buscarme al aeropuerto?

뽀드리아 베니르 아 부스까르메 알 아에로뿌에르또

Voca planear 계획하다 aeropuerto 공항

스페인어로 1월~12월은 다음과 같다. enero "1월", febrero "2월", marzo "3월", abril "4월", mayo "5월", junio "6월", julio "7월", agosto "8월", septiembre "9월", octubre "10월", noviembre "11월", diciembre "12월" 그리고 요일과 마찬가지로 남성명사로 취급한다.

▶ 다음 주 토요일에 파티를 열 예정입니다.

La próxima semana, el sábado, tengo previsto organizar una fiesta.

라 쁘록시마 쎄마나 엘 싸바도 뗑고 쁘레비스또 오르가니사르 우나 삐에스따

▶ 저의 예정이 꽉 차 있어요.

Tengo la agenda completamente ocupada.

뗑고 라 아헨다 꼼쁠레따멘떼 오꾸빠다

▶ 5월 하순경에 프랑스를 방문할 예정입니다.

Tengo previsto visitar Francia a finales de mayo.

뗑고 쁘레비스또 비시따르 쁘란시아 아 삐날레스 데 마요

▶ 내일 찾아뵙겠습니다.

Le veré mañana.

레 베레 마냐나

▶ 생일에 친구들을 초대할 생각입니다.

Estoy pensando invitar a mis amigos para mi cumpleaños.

에스또이 뻰산도 인비따르 아 미스 아미고스 빠라 미 꿈쁠레아뇨스

Voca fiesta 파티, 축제 Francia 프랑스 cumpleaños 생일

여기서는 스페인어에서 상황에 따라 '할 수 있다' 또는 '할 수 없다'를 표현하는 다양한 방법을 학습한다. 특히 동사 poder를 활용하는 경우가 가장 일반적이며, 이는 능력, 허가, 상황적 가능성을 모두 나타낼 수 있다. 또한, 부정문으로 불가능함을 표현할 때는 no poder 외에도 imposible 같은 형용사를 사용해 강조하는 경우도 많다.

Día 136 — 가능 여부를 물을 때

saber는 "알다"라는 의미의 동사이다. "~을 할 줄 안다"라고 말할 때, saber+동사 원형의 형태로 온다. Sé cocinar comida francesa. "나는 프랑스 요리를 할 줄 알아."

▶ 수영할 줄 아세요?

¿Sabe nadar?

싸베 나다르

▶ 영어로 전화할 수 있어요?

¿Puede hablar por teléfono en inglés?

뿌에데 아블라르 뽀르 뗄레뽀노 엔 잉글레스

▶ 피아노 칠 수 있어요?

¿Sabe tocar el piano?

싸베 또까르 엘 삐아노

▶ 제시간에 끝낼 수 있겠어요?

¿Cree que podrá terminar a tiempo?

끄레에 께 뽀드라 떼르미나르 아 띠엠뽀

Voca nadar 수영하다 tocar+정관사+악기 악기를 연주하다 a tiempo 제 시간에

가능하다고 대답할 때

각 나라의 국가 명칭에서 나온 국적 형용사는 다양한 형태를 띠며, 남성형은 언어나 그 나라 사람을 의미하는 명사로도 쓰인다. 따라서 chino는 중국어, 중국 남자, 중국의라는 의미를 지닌다. 이는 coreano도 마찬가지이다. (한국어, 한국 남자, 한국의)

▶ 난 운전할 수 있어.

Puedo conducir.

뿌에도 꼰두씨르

▶ 금요일까지 끝낼 수 있어요.

Puedo terminarlo para el viernes.

뿌에도 떼르미나를로 빠라 엘 비에르네스

▶ 난 중국어를 읽을 수 있어요.

Sé leer chino.

쎄 레에르 치노

▶ 그는 글씨를 읽을 줄 알아.

Él sabe leer.

엘 싸베 레에르

▶ 그는 그 일에 적합하다.

Él es adecuado para ese trabajo.

엘 에스 아데꾸아도 빠라 에세 뜨라바호

Voca conducir 운전하다 viernes 금요일 chino 중국어, 중국 남자, 중국의

불가능을 말할 때

스페인어에서 사람이 목적어로 올 때 전치사 a가 수반된다. Veo a María. "나는 마리아를 본다."가 그 예이다. 한편, enamorarse 동사는 "~에게 사랑에 빠지다"라는 의미인데 전치사 de를 수반한다. Me enamoré de ella. "나는 그녀에게 반했다."

▶ 난 자전거를 못 타요.

No sé montar en bicicleta.

노 쎄 몬따르 엔 비씨끌레따

▶ 그 질문에 답해 드릴 수가 없군요.

No puedo responder a esa pregunta.

노 뿌에도 레스뽄데르 아 에사 쁘레군따

▶ 당신과 사랑에 빠지지 않을 수 없군요.

No puedo evitar enamorarme de usted.

노 뿌에도 에비따르 에나모라르메 데 우스뗄

▶ 저와 함께 가실 수 없겠습니까?

¿No podría venir conmigo?

노 뽀드리아 베니르 꼰미고

▶ 모르시나요?

¿No lo sabe?

노 로 싸베

Voca bicicleta 자전거 enamorarse de~ ~에게 사랑에 빠지다

건물
edificio 에디삐시오

출구
salida 쌀리다

입구
entrada 엔뜨라다

공원
parque
빠르께

전화부스
cabina telefónica
까비나 뗄레뽀니까

버스정류소
parada de autobús
빠라다 데 아우또부스

인도
acera
아쎄라

신호
semáforo
쎄마뽀로

버스
autobús
아우또부스

횡단보도
cruce
끄루세

모퉁이
esquina
에스끼나

도로표지판
cartel indicador
까르뗄 인디까도르

STOP

건너시오
cruce 끄루세

멈추시오
alto 알또

우체통
buzón 부손

차
coche 꼬체

감정 표현

누군가 "말은 그 사람의 인격"이라고 했던 것처럼 감정을 드러내는 여러 가지 표현인 기쁨, 걱정, 슬픔, 노여움, 비난, 불평, 놀라움 등은 상대적인 개념이기 때문에 행동(acción)이나 표정(expresión facial), 몸짓(gesto), 말(habla) 따위에서부터 표출하거나 절제하는 방법을 익혀보도록 하자.

01 기쁨과 즐거움을 나타낼 때

스페인어로 기쁨을 표현할 때는 상황에 따라 다양한 감탄 표현이나 구어체 문장을 사용한다. 친구들과의 대화에서는 ¡Qué bien!, ¡Qué alegría!, ¡Estoy muy contento! 같은 말이 자주 쓰이고 격식 있는 자리에서는 Me alegra mucho escuchar eso. "그러한 말을 들으니 기쁘네요."와 같은 완전한 문장이 선호된다. 감정 표현은 억양과 표정도 중요하므로 실생활에서는 억양도 함께 연습하면 좋다.

Día 139 즐거울 때

tan+형용사/부사+que+결과절의 구조는 "너무 ~해서 …하다"의 의미를 나타낸다. Habló tan rápido que no entendí nada. "그 사람이 너무 빠르게 말해서 나는 아무것도 이해하지 못 했다."

▶ 정말 재미있군!

¡Qué divertido!

께 디베르띠도

▶ 즐거워요.

Estoy disfrutando.

에스또이 디스뿌르딴도

▶ 정말 즐거워요!

¡Me lo estoy pasando genial!

메 로 에스또이 빠산도 헤니알

▶ 정말 기분이 좋군!

¡Qué bien me siento!

께 비엔 메 씨엔또

Voca disfrutar 즐기다 genial 훌륭한

기쁠 때

Estoy feliz는 "나는 행복해."라는 의미이며, 의미를 강조하고 싶으면 부사를 사용하여 Estoy muy feliz라고 쓸 수 있다.

▶ 무척 기뻐요!

¡Estoy muy feliz!

에스또이 무이 뻴리스

▶ 몹시 기뻐.

Estoy extremadamente contento.

에스또이 엑스뜨레마다멘떼 꼰뗀또

▶ 기뻐서 펄쩍 뛸 것 같아!

¡Siento que voy a saltar de felicidad!

씨엔또 께 보이 아 쌀따르 데 뻴리시닫

▶ 기뻐서 날아갈 것 같았어요!

¡Me sentía tan feliz que pensé que iba a volar!

메 쎈띠아 딴 뻴리스 께 뻰세 께 이바 아 볼라르

▶ 제 생애에 이보다 더 기쁜 적이 없었어요.

Nunca he estado más feliz en mi vida.

눈까 에 에스따도 마스 뻴리스 엔 미 비다

Voca feliz 행복한, 기쁜 volar 날다

기쁜 소식을 들었을 때

좋은 소식을 들으면 스페인어에서는 ¡Qué alegría! 또는 ¡No me lo puedo creer! 같은 표현으로 기쁨을 자연스럽게 나타낸다.

▶ 그 소식을 들으니 정말 기쁩니다.

Me alegra mucho escuchar esa noticia.

메 알레그라 무초 에스꾸차르 에사 노띠시아

▶ 대단한 소식이야!

¡Es una gran noticia!

에스 우나 그란 노띠시아

▶ 듣던 중 반가운데요.

Qué sorpresa agradable.

께 소르쁘레사 아그라다블레

▶ 그거 반가운 소식이군요.

Es una noticia muy agradable.

에스 우나 노띠시아 무이 아그라다블레

▶ 좋은 소식이군요. 당신을 만나기를 고대하고 있겠습니다.

Qué buena noticia. Voy a desear conocerlo.

께 부에나 노띠시아 보이 아 데쎄아르 꼬노쎄를로

Voca noticia 소식 agradable 좋은, 유쾌한

기쁠 때 외치는 소리

¡Viva!는 스페인어권에서 누군가를 응원하거나 승리를 축하할 때 자주 외치는 말이다. 예를 들어 ¡Viva México!, ¡Viva el rey!처럼 나라나 사람의 이름과 함께 쓰이며, 축제나 국가 행사, 시위 현장 등에서도 자주 들을 수 있는 표현이다. '만세!'라는 말처럼 공동체의 자부심과 감정을 드러낼 때 사용된다.

▶ 만세!

¡Viva!
비바

▶ 브라보!

¡Bravo!
브라보

▶ 만세!

¡Hurra!
우라

▶ 야, 만세!

¡Eh, viva!
에 비바

▶ 야호!

¡Yupi!
유삐

Voca viva 만세

재미있을 때

dejar de 동사 원형은 "~을 멈추다"라는 의미이다. Por fin dejó de llover. "마침내 비가 멈추었다."

▶ 아주 재미있어요!

¡Es muy divertido!

에스 무이 디베르띠도

▶ 무슨 재미있는 일이라도 있니?

¿Hay algo divertido?

아이 알고 디베르띠도

▶ 재미있겠군요.

Esto debe ser muy divertido.

에스또 데베 쎄르 무이 디베르띠도

▶ 너무 재미있어서 웃음이 멈추지 않네요.

Es tan divertido que no puedo dejar de reír.

에스 딴 디베르디도 께 노 뿌에도 데하르 데 레이르

▶ 골라먹는 재미가 있습니다.

Hay diversión en elegir lo que comer.

아이 디베르시온 엔 엘레히르 로 께 꼬메르

Voca divertido 재미있는 reír 웃다 elegir 선택하다

행운을 얻었을 때

스페인에서 가장 유명한 복권 중 하나는 "El Gordo"다. 'gordo'는 '뚱뚱한'이라는 뜻이지만, 복권 이름으로는 '대박' 또는 '큰 상금'을 의미하고 매년 12월 22일에 추첨하는 크리스마스 복권이다. 참고로 복권은 lotería라고 한다.

▶ 잘됐다!

¡Qué bien!

께 비엔

▶ 오늘은 재수가 좋아!

¡Hoy tengo suerte!

오이 뗑고 수에르떼

▶ 운이 좋았어!

¡Tuve suerte!

뚜베 수에르떼

▶ 하나님 고맙습니다!

¡Gracias a Dios!

그라시아스 아 디오스

▶ 대성공이야!

¡Es un gran éxito!

에스 운 그란 엑시또

Voca   suerte 운 Dios 신 éxito 성공

행복할 때

"행복한"이라는 형용사는 feliz이고 "행복"이라는 명사는 felicidad이다. -dad으로 끝나는 명사는 여성형 명사이다. ciudad "도시", libertad "자유", universidad "대학교"

▶ 너무 행복해요.

Estoy muy feliz.

에스또이 무이 뻴리스

▶ 행복하세요!

¡Que sea feliz!

께 세아 뻴리스

▶ 꿈이 이루어졌어!

¡Mi sueño se hizo realidad!

미 수에뇨 쎄 이소 레알리닫

▶ 그는 행복에 넘쳐 있습니다.

Él está lleno de felicidad.

엘 에스따 예노 데 뻴리시닫

▶ 돈으로 행복을 살 수는 없어.

No se puede comprar la felicidad con dinero.

노 세 뿌에데 꼼브라르 라 뻴리시닫 꼰 디네로

Voca sueño 꿈 realidad 현실 dinero 돈

안심할 때

스페인어로는 tranquilo나 aliviado 같은 표현으로 마음이 편안해졌다는 뜻을 전할 수 있다. 예를 들어, Estoy tranquilo는 "안심했어요."라는 뜻이다.

▶ 휴!

¡Uf!

웁

▶ 아!

¡Ah!

아

▶ 정말 안심했어요!

¡Qué alivio!

께 알리비오

▶ 그 말을 들으니 안심이네요.

Me tranquilizo al oír eso.

메 뜨란낄리소 알 오이르 에소

▶ 그 말을 들으니 안심이 됩니다.

Me siento aliviado al oír eso.

메 씨엔또 알리비아도 알 오이르 에소

Voca alivio 안심 oír 듣다

02 화가 났을 때

화가 나면 감정이 격해지고 말투도 달라진다. 스페인어에서는 ¡Estoy enfada-do!, ¡Qué rabia! 같은 표현으로 자신의 분노를 표현할 수 있다. 상황에 따라 다양한 강도의 감정을 말하는 표현들이 많으니 차근차근 배워보자.

Día 147 · 자신이 화가 날 때

Estoy enfadado 혹은 Me siento molestado라는 표현으로 화가 난 감정을 전달할 수 있다. ¡Esto me pone furioso!처럼 더 강한 표현도 있다.

▶ 꼴좋다!

¡Qué bien!

께 비엔

▶ 너무 화가 나는군요.

Estoy muy enfadado.

에스또이 무이 엔빠다도

▶ 저런! 심하군요!

¡Vaya! ¡Es grave!

바야 에스 그라베

▶ 바보 같은!

¡Qué tonto!

께 똔또

Voca enfadado 화가 난 tonto 바보, 바보 같은

상대방이 화가 났을 때

누군가 화가 났을 때는 이해와 공감이 중요하다. 스페인어로는 ¿Estás enfadado?나 ¿Qué le pasa? 같은 표현으로 상대의 감정을 확인할 수 있다.

▶ 화났어요?

¿Está enfadado?

에스따 엔빠다도

▶ 아직도 화나 있어요?

¿Sigue enfadado?

씨게 엔빠다도

▶ 그래서, 나한테 화가 났어요?

Entonces, ¿está enfadado conmigo?

엔똔세스 에스따 엔빠다도 꼰미고

▶ 뭐 때문에 그렇게 씩씩거리니?

¿Por qué resopla así?

뽀르 께 레쏘쁠라 아씨

▶ 그는 몹시 화가 나 있어요.

Él está muy enfadado.

엘 에스따 무이 엔빠다도

Voca resoplar 씩씩거리다

calma는 "진정", "평온"이라는 뜻이다. calmarse는 "진정하다", "화가 가라앉다", "마음이 안정되다"의 의미로 화를 달랠 때 사용된다.

▶ 진정하세요!

¡Cálmese!

깔메세

▶ 화내지 마세요.

No se enfade.

노 쎄 엔빠데

▶ 흥분을 가라앉혀.

Tranquilícese.

뜨란낄리쎄세

▶ 이성을 잃으면 안 돼.

No pierda la calma.

노 삐에르다 라 깔마

▶ 나한테 화내지 마라.

No se enfade conmigo.

노 쎄 엔빠데 꼰미고

Voca calmarse 진정하다 enfadarse 화내다

03 슬픔과 우울을 나타낼 때

슬픔과 우울은 누구나 겪는 자연스러운 감정이다. 스페인어로는 estar triste, sentirse deprimido 같은 표현으로 마음 상태를 표현할 수 있다. 때로는 ¡Qué tristeza!처럼 감탄하며 슬픔을 나타내기도 한다.

Día 150 · 슬플 때

"슬픈"이라는 형용사는 triste이고 "슬픔"이라는 명사는 tristeza이다.

▶ 아, 슬프구나!

¡Ay, qué tristeza!

아이 께 뜨리스떼사

▶ 슬퍼요.

Estoy triste.

에스또이 뜨리스떼

▶ 너무 슬퍼요.

Estoy muy triste.

에스또이 무이 뜨리스떼

▶ 아, 불쌍해라!

¡Ay, pobrecito!

아이 뽀브레씨또

Voca tristeza 슬픔 triste 슬픈

슬퍼서 울 때

Llore cuanto quiera에서 cuanto quiera는 "원하는 만큼"을 뜻하는 표현이다. 여기서 cuanto는 "얼마나 ~한"이라는 뜻의 의문사이고, quiera는 동사 querer의 접속법 현재형으로, "원하다"라는 뜻이다. 이 표현은 "원하는 만큼 울어라"라는 의미로, 동사 뒤에 cuanto+동사 접속법을 써서 "얼마나 ~하든지"라는 뜻을 만든다.

▶ 슬퍼서 울고 싶은 심정이에요.

Tengo ganas de llorar de tristeza.

뗑고 가나스 데 요라르 데 뜨리스떼사

▶ 울고 싶어요.

Quiero llorar.

끼에로 요라르

▶ 눈물을 닦으세요.

Límpiese las lágrimas.

림삐에세 라스 라그미라스

▶ 우세요, 실컷 우세요.

Llore, llore cuanto quiera.

요레 요레 꾸안또 끼에라

▶ 몹시 울었어요.

He llorado muchísimo.

에 요라도 무치씨모

Voca llorar 울다 lágrima 눈물

우울할 때

tener ganas de+동사 원형은 "~하고 싶다", "~할 기분이다"라는 뜻이다. Tengo ganas de comer. "먹고 싶다.", ¿Tienes ganas de salir? "나가고 싶어?"

▶ 저는 우울해요.

Estoy deprimido.

에스또이 데쁘리미도

▶ 저는 희망이 없어요.

No tengo esperanza.

노 뗑고 에스뻬란사

▶ 아무것도 하고 싶은 생각이 없어요.

No tengo ganas de hacer nada.

노 뗑고 가나스 데 아쎄르 나다

▶ 저는 지금 절망적인 상태예요.

Estoy en un estado desesperado.

에스또이 엔 운 에스따도 데스에스뻬라도

▶ 저를 우울하게 만들지 마세요.

No me deprima, por favor.

노 메 데쁘리마 뽀르 빠보르

Voca   deprimido 우울한   esperanza 희망

슬픔과 우울함을 위로할 때

위로할 때는 Lo siento. "유감이야.", Estoy aquí para ti. "너를 위해 내가 여기 있어.", Todo pasará. "모두 지나갈 거야." 등의 표현을 쓸 수 있다.

▶ 내가 당신 옆에서 돌봐 줄게요.

Estaré a su lado para cuidarle.

에스따레 아 수 라도 빠라 꾸이다를레

▶ 너무 우울해하지 마.

No estés tan deprimido.

노 에스떼스 딴 데쁘리미도

▶ 기운 내.

Ánimo.

아니모

▶ 너는 이겨낼 거야.

Vas a superarlo.

바스 아 수뻬라를로

▶ 슬픔에 굴복해서는 안 돼요.

No debe dejarse vencer por la tristeza.

노 데베 데하르쎄 벤쎄르 뽀를 라 뜨리스떼사

Voca cuidar 돌보다 superar 극복하다, 이겨내다

04 놀람과 두려움을 느낄 때

놀라운 일을 경험하거나 두려움을 느낄 때 하는 표현과 진정하고 위로를 받을 때 쓸 수 있는 표현이다. ¡Madre mía!/¡Dios mío!/¡No puede ser! 등을 사용한다.

Día 154 놀랐을 때

Dios mío는 영어 표현의 Oh, my god과 같은 표현이다.

▶ 저런, 세상에!

¡Vaya, madre mía!

바야 마드레 미아

▶ 하느님 맙소사!

¡Dios mío!

디오스 미오

▶ 말도 안 돼!

¡No puede ser!

노 뿌에데 쎄르

▶ 아차!

¡Uy!

우이

Voca madre mía 어머나, 맙소사 Dios 신

놀람을 진정시킬 때

스페인어에서 "놀라게 하다"는 sorprender와 asustar가 있다. 하지만 두 동사는 차이가 있는데, sorprender는 서프라이즈로 놀라는 의미이고, asustar는 무섭게 놀라는 의미이다. 예를 들면, Me sorprendió tu visita. "네가 와서 놀랐어."/El ruido me asustó. "나는 그 소리에 깜짝 놀랐어."

▶ 놀랐니?

¿Te has asustado?

떼 아스 아수스따도

▶ 진정해.

Cálmate.

깔마떼

▶ 놀라지 마세요.

No se asuste.

노 쎄 아수스떼

▶ 전혀 놀랄 것 없어요.

No hay nada de qué asustarse.

노 아이 나다 데 께 아수스따르쎄

▶ 앉아서 긴장을 푸는 게 좋겠어요.

Será mejor que se siente y se relaje.

쎄라 메호르 께 쎄 씨엔떼 이 쎄 렐라헤

Voca asustarse 놀라다 calmarse 진정하다 relajarse 긴장을 풀다

믿기 힘든 경우에

verdad은 진실, 사실이라는 뜻으로 ¿De verdad? "정말이야?"라는 표현으로도 많이 쓰고, 스페인 사람들이 말을 시작할 때, la verdad es que~ "사실은~"이라고도 많이 말한다.

▶ 정말?

¿De verdad?

데 베르닫

▶ 믿을 수 없어!

¡No me lo puedo creer!

노 멜 로 뿌에도 끄레에르

▶ 농담하시는 건가요?

¿Está bromeando?

에스따 브로메안도

▶ 진정인가요?

¿En serio?

엔 세리오

▶ 그것은 금시초문인데요.

Eso es nuevo para mí.

에소 에스 누에보 빠라 미

Voca creer 믿다 bromear 농담하다

닭살, 소름이라는 뜻을 의미하는 스페인어 단어는 carne de gallina라고 한다. 말 그대로 닭살이라는 의미이며, 실제로 닭살이 돋았다라고 말할 때 ponerse la carne de gallina라는 표현을 쓴다. Cuando veo una película de terror se me pone la carne de gallina. "공포영화를 볼 때, 난 닭살 돋아."

▶ 무서워요.

Tengo miedo.

뗑고 미에도

▶ 으스스한데요.

Da escalofríos.

다 에스깔로쁘리오스

▶ 그 생각만 하면 무서워요.

Me da miedo solo de pensarlo.

메 다 미에도 쏠로 데 뻰사를로

▶ 정말 무서운 영화였어.

Fue una película muy aterradora.

뿌에 우나 뻴리꿀라 무이 아떼라도라

▶ 그것 때문에 소름이 끼쳤어요.

Me dio escalofríos por eso.

메 디오 에스깔로쁘리오스 뽀르 에소

Voca miedo 공포, 두려움 escalofrío 오한, 소름

걱정과 두려운 표정을 짓고 있는 사람에게 "무슨 문제가 있습니까?"의 뜻으로 ¿Qué pasa?/¿Todo bien?/¿Hay algo que le preocupe?라고 물어볼 수 있다. 만약 "긴장이 된다" 혹은 "걱정이 된다"라고 말하고 싶으면 Estoy nervioso/Estoy preocupado라고 말할 수 있다.

Día 158 — 걱정이 있는지 물을 때

¿Qué pasa? "무슨 일 있어?" 표현에는 간접목적격 대명사를 활용할 수 있다. ¿Qué te pasa? "(너) 무슨 일이야?"라고 활용할 수 있다.

▶ 무슨 일이지요?

¿Qué pasa?

께 빠사

▶ 뭐 잘못됐나요?

¿Ocurre algo malo?

오꾸레 알고 말로

▶ 잘못된 일이라도 있나요?

¿Hay algún problema?

아이 알군 쁘로블레마

▶ 무슨 일이야?

¿Qué te sucede?

께 떼 수쎄데

Voca　pasar 일어나다, 발생하다　problema 문제

걱정스러울 때

preocupar는 "걱정시키다"라는 의미의 단어이다. "걱정하다"는 재귀의 se가 붙은 preocuparse이다.

▶ 저는 이제 어떡하죠?

¿Y ahora qué hago?

이 아오라 께 아고

▶ 그녀가 안 오면 어떡하죠?

¿Y si ella no viene?

이 씨 에야 노 비에네

▶ 어젯밤에 당신 걱정이 돼서 잠을 못 잤어요.

Anoche no pude dormir preocupado por usted.

아노체 노 뿌데 도르미르 쁘레오꾸빠도 뽀르 우스뗀

▶ 오늘은 어쩐지 기분이 이상해요.

Hoy me siento raro.

오이 메 씨엔또 라로

▶ 말 못할 사정이 있어요.

Tengo una razón que no puedo contar.

뗑고 우나 라손 께 노 뿌에도 꼰따르

걱정하지 말라고 할 때

preocuparse의 부정 명령형을 통해 걱정하지말라고 표현한다. 상대가 tú일 때는 No te preocupes. "걱정하지마.", usted일 때는 No se preocupe. "걱정하지 마세요."로 표현한다.

▶ 걱정하지 마세요.

No se preocupe.

노 쎄 쁘레오꾸뻬

▶ 너무 걱정 마세요. 다 잘될 거예요.

No se preocupe demasiado. Todo estará bien.

노 쎄 쁘레오꾸뻬 데마시아도 또도 에스따라 비엔

▶ 결과에 대해서 걱정하지 마세요.

No se preocupe por el resultado.

노 쎄 쁘레오꾸뻬 뽀르 엘 레술따도

▶ 그런 사소한 일로 걱정하지 마세요.

No se preocupe por cosas tan insignificantes.

노 쎄 쁘레오꾸뻬 뽀르 꼬사스 딴 인씨그니삐깐떼스

▶ 너무 심각하게 받아들이지 마세요.

No lo tome en serio.

노 로 또메 엔 쎄리오

Voca resultado 결과 tomar en serio 심각하게 받아들이다

긴장하거나 초조할 때

"긴장한", "초조한"의 의미를 지닌 단어는 nervioso로 여느 형용사와 마찬가지로 성수 구분을 잘해야 한다. 내가 남자일 경우 estoy nervioso, 내가 여자일 경우 estoy nerviosa라고 말해야 한다.

▶ 난 지금 좀 긴장돼.

Estoy un poco nervioso ahora.

에스또이 운 뽀꼬 네르비오소 아오라

▶ 나는 마음이 조마조마해.

Tengo el corazón en un puño.

뗑고 엘 꼬라손 엔 운 뿌뇨

▶ 나 좀 봐. 무릎이 덜덜 떨려.

Mírame, me tiemblan las rodillas.

미라메 메 띠엠블란 라스 로디야스

▶ 난 너무 걱정이 돼서 안절부절 못하겠어.

Estoy tan preocupado que no puedo quedarme quieto.

에스또이 딴 쁘레오꾸빠도 께 노 뿌에도 께다르메 끼에또

▶ 너무 불안하다.

Estoy muy inquieto.

에스또이 무이 인끼에또

Voca nervioso 긴장한, 초조한 temblar 떨다

긴장과 초조함을 진정시킬 때

"긴장하다"라고 표현할 때, estar+nervioso라는 표현이 가장 많이 쓰이지만 ponerse nervioso도 많이 쓰이는 표현이다. Me pongo nervioso 는 Estoy nervioso와 같은 표현이다.

▶ 앉아서 긴장을 푸는 게 좋겠어.

Será mejor que se siente y se relaje.

쎄라 메호르 께 쎄 씨엔떼 이 쎄 렐라헤

▶ 여러분, 침착하세요. 놀랄 거 없어요.

Tranquilos, todos. No hay motivo para alarmarse.

뜨란낄로스 또도스 노 아이 모띠보 빠라 알라르마르세

▶ 숨을 깊이 들이쉬세요.

Respire hondo.

레스삐레 온도

▶ 그렇게 긴장하지 마.

No te pongas tan nervioso.

노 떼 뽕가스 딴 네르비오소

▶ 그렇게 긴장할 이유가 없어요. 긴장을 풀어요.

No hay razón para estar tan tenso. Relájese.

노 아이 라손 빠라 에스따르 딴 뗀소 렐라헤세

Voca relajarse 긴장을 풀다 respirar 숨을 쉬다

Parte 4 감정 표현

181

살다 보면 짜증스럽고 지루하고 피곤하여 불평불만이 생길 때가 많다. "정말 짜증난다."는 표현으로 Estoy harto를 쓰고, "정말 지루해."는 Estoy aburrido를 흔하게 사용한다. Me muero de aburrimiento는 "지루해 죽겠다."라는 뜻이다.

Día 163 · 귀찮을 때

누군가 나를 귀찮게 할 때, Me estás molestando.라고 표현할 수 있다. 말 그대로 "너는 나를 귀찮게 한다."라는 의미이다.

▶ 아, 귀찮아.

Uf, qué fastidio.

웁 께 빠스띠디오

▶ 정말 귀찮군.

De verdad, qué molesto.

데 베르닫 께 몰레스또

▶ 당신은 참 짜증나게 하는군요.

Usted sí sabe cómo sacar de quicio.

우스뗃 씨 싸베 꼬모 사까르 데 끼시오

▶ 또 시작이군.

Ya empezamos otra vez.

야 엠뻬사모스 오뜨라 베스

Voca fastidio 귀찮음 molesto 성가신

지겹고 지루할 때

aburrir는 "지겹게 하다"라는 동사이고, aburrimiento는 "지루함"이라는 명사이다. aburrido는 "지루한"이라는 형용사이다.

▶ 진짜 지겹다, 지겨워.

Estoy harto de esto.

에스또이 아르또 데 에스또

▶ 하는 일에 싫증나지 않으세요?

¿No está usted cansado de su trabajo?

노 에스따 우스뗻 깐사도 데 수 뜨라바호

▶ 이젠 일에 싫증이 나요.

Ya estoy cansado del trabajo.

야 에스또이 깐사도 델 뜨라바호

▶ 따분하죠, 그렇죠?

Es aburrido, ¿no?

에스 아부리도 노

▶ 지루해 죽겠어요.

Estoy aburrido hasta la muerte.

에스또이 아부리도 아스따 라 무에르떼

Voca　harto 지긋지긋한　cansado 피곤한

불평할 때

"불평하다"는 quejarse 동사를 사용한다. 그리고 불평의 이유는 전치사 de를 붙여서 나타낸다. Me quejo de mi jefe. "나는 내 상사에 대해 불평한다."

▶ 당신 또 불평이군요.

Usted otra vez quejándose.

우스뗄 오뜨라 베스 께한도세

▶ 무엇을 불평하고 계십니까?

¿De qué se está quejando?

데 께 쎄 에스따 께한도

▶ 너무 투덜거리지 마!

¡No te quejes tanto!

노 떼 께헤스 딴또

▶ 너무 그러지 마.

No seas así.

노 쎄아스 아씨

▶ 불평불만 좀 그만해.

Deja de quejarte.

데하 데 께하르떼

Voca quejarse 불평하다 dejar de ~을 그만두다

자기 자신의 어떤 행위나 말투로 인한 실수에 대하여 후회를 할 때의 표현은 ¡Qué desastre! "엉망진창이야!"/Estoy hecho polvo. "완전 지쳤어."/¡Qué mal! "아 정말 안 좋아!" 따위와 같은 표현을 사용한다. 상대의 잘못으로 실망을 했을 때 사용하는 표현에는 Estoy decepcionado contigo. "네게 실망했어."/Eso me ha dolido mucho. "그것 때문에 나는 상처를 많이 받았어." 등이 있다.

Día 166 아쉬워할 때

echar de menos "그리워하다"라는 뜻이다. 이는 스페인에서 활용되는 표현이다. 반면 중남미에선 extrañar라는 표현을 사용한다. Te extraño. "네가 그리워."

▶ 당신에게 그걸 보여 주고 싶었는데요.

Quería enseñarle eso.

께리아 엔쎄냐를레 에소

▶ 집이 너무 그리워.

Echo mucho de menos mi casa.

에초 무초 데 메노스 미 까사

▶ 그 사람이 실패하다니 정말 안됐군요.

Qué pena que haya fracasado.

께 뻬나 께 아야 쁘라까사도

▶ 그건 피할 수도 있었는데.

Podría haberse evitado.

뽀드리아 아베르세 에비따도

Voca echar de menos 그리워하다 fracasar 실패하다

후회할 때

arrepentirse de, lamentar 같은 동사로 후회의 마음을 표현할 수 있다.

▶ 그에게 사과했어야 하는 건데.

Debería haberle pedido perdón.

데베리아 아베를레 뻬디도 뻬르돈

▶ 일을 저질러 놓고 보니 후회가 막심해요.

Me arrepiento muchísimo de haberlo hecho.

메 아레삐엔또 무치씨모 데 아베를로 에초

▶ 언젠가는 후회할 겁니다.

Algún día se arrepentirá.

알군 디아 쎄 아레뻰띠라

▶ 나는 후회가 많이 남는다.

Me quedan muchos remordimientos.

메 께단 무초스 레모르디미엔또스

▶ 이젠 너무 늦었어.

Ahora ya es demasiado tarde.

아오라 야 에스 데마시아도 따르데

Voca　arrepentirse de ~을 후회하다　remordimiento 후회

실망스러울 때

Estoy decepcionado같이 estar+과거분사를 통해서 감정이나 상태를 말할 수 있다. Estoy cansado. "피곤해.", Estoy sorprendido. "놀랐어." 등이 이에 해당한다.

▶ 참 실망스럽군!

¡Qué decepción!

께 데쎕시온

▶ 참 안됐군!

¡Qué pena!

께 뻬나

▶ 그거 정말 실망스러운 일인데요.

Es realmente decepcionante.

에스 레알멘떼 데쎕시오난떼

▶ 실망이야. 그 전시회를 정말 보고 싶었는데.

Estoy decepcionado. Tenía muchas ganas de ver esa exposición.

에스또이 데쎕시오나도 떼니아 무차스 가나스 데 베르 에사 엑스뽀씨시온

▶ 나를 실망시키지 마세요.

No me decepcione, por favor.

노 메 데쎕시오네 뽀르 빠보르

Voca decepción 실망 exposición 전시회

낙담할 때

esperanza는 "희망"을 나타내는 명사이고, perder는 "잃어버리다"라는 동사이다. 이 두 단어들로도 낙담할 때의 감정을 표현할 수 있다. He perdido la esperanza. "나는 희망을 잃었어."

▶ 낙담하지 마세요.

No se desanime.

노 쎄 데스아니메

▶ 낙담하지 마라, 기운 내!

No te desanimes, ¡ánimo!

노 떼 데스아니메스 아니모

▶ 그렇게 낙담하지 말게.

No te deprimas así.

노 떼 데쁘리마스 아씨

▶ 그 소식에 우리는 낙담했어.

Nos desanimamos al escuchar la noticia.

노스 데스아니마모스 알 에스꾸차르 라 노띠씨아

▶ 그는 시험에 떨어져서 낙담하고 있어.

Él está desanimado porque suspendió el examen.

엘 에스따 데스아니마도 뽀르께 수스뻰디오 엘 엑사멘

Voca desanimarse 낙담하다 ánimo 기운, 용기

스페인어를 배울 때 "죄송합니다"를 Lo siento로 배우는데, 영어의 I am sorry와 마찬가지로 Lo siento도 유감을 표할 때 쓸 수 있다. Lo siento mucho, he oído lo de tu abuela. "정말 유감입니다, 당신 할머니 일을 들었어요."

▶ 대단히 유감입니다.

Lo lamento mucho.

로 라멘또 무초

▶ 참으로 유감천만입니다.

Es realmente lamentable.

에스 레알멘떼 라멘따블레

▶ 유감스럽지만, 찬성합니다.

Lo lamento, pero estoy de acuerdo.

로 라멘또 뻬로 에스또이 데 아꾸에르도

▶ 유감스럽지만, 당신에게 동의할 수 없습니다.

Lo lamento, pero no puedo estar de acuerdo con usted.

로 라멘또 뻬로 노 뿌에도 에스따르 데 아꾸에르도 꼰 우스뗃

▶ 유감스럽지만, 안 될 것 같군요.

Lo siento, pero creo que no será posible.

로 씨엔또 뻬로 끄레오 께 노 쎄라 뽀시블레

Voca lamentar 유감스럽게 여기다 estar de acuerdo 동의하다

상대방이 바보 같은 행동을 했을 때는 Eso no es propio de usted. "당신답지 않아요.", Debería darle vergüenza. "부끄러운 줄 아세요.", Se lo tiene merecido. "자업자득이에요."라고 말할 수 있다. 반대로 상대가 화가 났을 때는 진정시키기 위해 No se enfade. "화내지 마세요.", No pierda los moleste. "흥분하지 마세요." 라고 말할 수 있다.

Día 171 · 비난할 때

Es un idiota. "당신은 바보군요.", Está usted chiflado. "당신 미쳤군요." 등과 같은 표현들도 있다.

▶ 창피한 줄 아세요.

Debería darle vergüenza.

데베리아 다를레 베르구엔사

▶ 당신 정신 나갔어요?

¿Está usted loco?

에스따 우스뗄 로꼬

▶ 당신은 바보로군요.

Usted es un tonto.

우스뗄 에스 운 똔또

▶ 왜 이런 식으로 행동하죠?

¿Por qué se comporta así?

뽀르 께 쎄 꼼뽀르따 아씨

Voca vergüenza 창피함 comportarse 행동하다

No me provoque. "절 자극하지 마시죠.", ¡Basta ya! "그만하세요!", No tiene sentido discutir. "논쟁하는 게 무의미하네요."라고도 말할 수 있다.

▶ 너 내 말대로 해!

¡Haz lo que te digo!

아스 로 께 떼 디고

▶ 이봐요! 목소리 좀 낮춰요!

¡Oiga! ¡Baje la voz!

오이가 바헤 라 보스

▶ 바보 같은 소리 하지 마세요.

No diga tonterías.

노 디가 똔떼리아스

▶ 당신한테 따질 게 있어요.

Tengo algo que reclamarle.

뗑고 알고 께 레끌라마를레

▶ 너 두고 보자.

Ya verás.

야 베라스

Voca　tontería 바보 같은 말　reclamar 항의하다

욕설할 때

이 책에서 설명한 욕들은 이러한 표현들이 있다는 정도만 알고 실생활에서는 사용하지 않도록 주의하자. 다만, 상대가 나에게 욕을 할 때 다음과 같은 표현으로 정중하게 받아치도록 하자. Por favor, deje de usar ese lenguaje. "제발 그런 말투를 그만 써 주세요.", Le pido que hable con respeto. "존중하는 말투로 말씀해 주세요.", Le agradecería que no me insulte. "저를 욕하지 말아 주시면 감사하겠습니다."

▶ 제기랄!

¡Joder!

호데르

▶ 개새끼!

¡Hijo de puta!

이호 데 뿌따

▶ 엿 먹어라!

¡Que te den!

께 떼 덴

▶ 빌어먹을!

¡Maldita sea!

말디따 쎄아

▶ 야, 이 놈(년)아!

¡Oye, imbécil!

오예 임베씰

▶ 저런 바보 같으니!

¡Qué idiota!

께 이디오따

Voca maldito 저주받은 idiota 멍청이

책망할 때

O… o… 구문은 스페인어에서 "…하거나 …하거나"라는 선택을 나타내는 표현이다. 예를 들어, O estudias o trabajas는 "공부하거나 일하거나"라는 뜻이다. 이 구조는 두 가지 중 하나를 반드시 해야 할 때 쓰인다.

▶ 그런 법이 어디 있어요?

¿Cómo puede ser eso posible?

꼬모 뿌에데 쎄르 에소 뽀시블레

▶ 행동으로 옮기든지, 입 다물고 있든지 해!

¡O actúa o cállate!

오 악뚜아 오 까야떼

▶ 너희들 나머지도 다 마찬가지야.

Los demás son iguales.

로스 데마스 손 이구알레스

▶ 당신 정신 나갔어요?

¿Usted ha perdido la cabeza?

우스뗄 아 뻬르디도 라 까베사

▶ 그런 식으로 말하지 마세요.

No hable de esa manera.

노 아블레 데 에사 마네라

Voca callarse 입을 다물다 perder la cabeza 이성을 잃다

intervenir는 "개입하다", "중재하다"라는 의미를 지닌 동사이다. 여기서 파생되어 "발언하다"라는 뜻도 지닌다. 즉, 토론이나 회의에서 중간에 끼어 말한다는 것이다. Durante la reunión, varios parteicipantes intervinieron para expresar sus opiniones. "회의 중에 여러 참가자들이 의견을 밝히기 위해 발언했다."

▶ 흥분하지 마세요.

No se altere.

노 쎄 알떼레

▶ 이제 됐어요!

¡Ya basta!

야 바스따

▶ 싸움을 말리지 그랬어요?

¿Por qué no intervino para detener la pelea?

뽀르 께 노 인떼르비노 빠라 데떼네르 라 뻴레아

▶ 진정하세요.

Cálmese.

깔메세

▶ 두 사람 화해하세요.

Reconcíliense, por favor.

레꼰실리엔세 뽀르 빠보르

Voca alterarse 흥분하다 intervenir 개입하다

감탄문은 주로 qué, cuánto, cuán, cómo 등의 감탄사를 사용하여 만들며, 다양한 품사와 함께 쓰인다. 주어와 동사가 있는 경우 동사를 앞에 쓴다. cuánto가 형용사나 부사 앞에 놓일 때 –to를 탈락시키고 cuán으로 쓴다. "¡Cuán felices fuimos en Madrid! "마드리드에서 우리가 얼마나 행복했는지!"/¡Cómo hablas español! "스페인어를 정말 잘한다!"

Día 176 · 감탄의 기분을 나타낼 때

qué를 이용하여 감탄문을 만들 때 qué+명사/형용사/부사를 이용하여 만든다. 혹은 qué+형용사+más/tan으로도 만들 수 있다.

▶ 와, 정말 아름답네요!

¡Qué hermoso!

께 에르모소

▶ 경치가 멋지네요!

¡Qué paisaje tan bonito!

께 빠이사헤 딴 보니또

▶ 맛있네요!

¡Qué rico está!

께 리꼬 에스따

▶ 잘했어요!

¡Buen trabajo!

부엔 뜨라바호

Voca hermoso 아름다운 paisaje 경치

칭찬할 때

mejor는 bueno "좋은"의 비교급 형태로 "더 좋은"이라는 뜻이지만 앞에 정관사 el/la/los/las가 붙으면 최상급이 된다. 예를 들면, el mejor libro. "최고의 책.", la mejor película. "최고의 영화." 등으로 사용할 수 있다.

▶ 대단하군요!

¡Qué increíble!

께 인끄레이블레

▶ 잘하시는군요!

¡Lo hace muy bien!

로 아쎄 무이 비엔

▶ 정말 훌륭하군요!

¡Es realmente excelente!

에스 레알멘떼 엑셀렌떼

▶ 잘한다!

¡Bien hecho!

비엔 에초

▶ 당신이 최고예요!

¡Es el mejor!

에스 엘 메호르

Voca increíble 믿을 수 없는 el mejor 최고

성과를 칭찬할 때

orgullo는 "자부심"이라는 명사, orgulloso는 "자랑스러운"이라는 형용사이니 알아두자.

▶ 대단하군요!

¡Qué impresionante!

께 임쁘레시오난떼

▶ 잘하셨어요!

¡Lo ha hecho muy bien!

로 아 에초 무이 비엔

▶ 참 잘하셨어요!

¡Lo ha hecho realmente bien!

로 아 에초 레알멘떼 비엔

▶ 나는 당신이 자랑스럽습니다.

Estoy orgulloso de usted.

에스또이 오르구요소 데 우스뗃

▶ 아주 잘하고 있어요.

Lo está haciendo muy bien.

로 에스따 아씨엔도 무이 비엔

Voca orgulloso de ~을 자랑스럽게 여기는

능력을 칭찬할 때

todo는 "모든 것"을 가리킨다. 한편, s가 붙은 todos는 "모든 사람"을 가리킨다.

▶ 기억력이 참 좋으시군요.

Tiene muy buena memoria.

띠에네 무이 부에나 메모리아

▶ 당신은 모르는 게 없군요.

Usted lo sabe todo.

우스뗃 로 싸베 또도

▶ 못하는 게 없으시군요.

Usted es bueno en todo.

우스뗃 에스 부에노 엔 또도

▶ 어떻게 그렇게 스페인어를 잘하십니까?

¿Cómo puede hablar tan bien español?

꼬모 뿌에데 아블라르 딴 비엔 에스빠뇰

▶ 스페인어를 참 잘하시는군요.

Habla usted muy bien español.

아블라 우스뗃 무이 비엔 에스빠뇰

Voca memoria 기억력 ser bueno en ~을 잘하다

외모를 칭찬할 때

외모를 칭찬할 때는 다음과 같이 말할 수 있다. Eres muy guapo. "너는 아주 잘생겼다."/Eres muy hermosa. "너는 엄청 아름답다."/Tienes una sonrisa hermosa. "너의 미소는 아름답다."/Eres muy atractivo. "너는 매우 매력적이다." 이렇게 다양한 형용사로 외모를 칭찬할 수 있다.

▶ 멋있군요!

¡Qué guapo está!

께 구아뽀 에스따

▶ 나이에 비해 젊어 보이시는군요.

Parece más joven de lo que es.

빠레쎄 마스 호벤 데 로 께 에스

▶ 당신은 눈이 참 예쁘군요.

Tiene usted unos ojos muy bonitos.

띠에네 우스뗄 우노스 오호스 무이 보니또스

▶ 어머, 멋있군요!

¡Qué guapo!

께 구아뽀

▶ 그거 참 잘 어울립니다.

Le queda muy bien eso.

레 께다 무이 비엔 에소

Voca guapo 잘생긴 quedar bien 잘 어울리다

물건을 보고 칭찬할 때

무언가 잘 샀을 때, ¡Qué buena compra! "정말 잘 샀어!"/Has hecho una gran elección. "훌륭한 선택을 했네." 등으로 표현할 수 있다.

▶ 그거 잘 사셨군요.

Buena compra lo hizo.

부에나 꼼쁘라 로 이쏘

▶ 그거 정말 좋은데요.

Eso es muy bueno.

에소 에스 무이 부에노

▶ 정말 근사한데요!

¡Qué maravilla!

께 마라비야

▶ 멋진 집을 갖고 계시군요.

Tiene una casa preciosa.

띠에네 우나 까사 쁘레시오사

▶ 이거 당신이 직접 짜셨어요?

¿Lo ha tejido usted mismo?

로 아 떼히도 우스뗃 미스모

Voca compra 구매 precioso 예쁜, 훌륭한

칭찬에 대해 응답할 때

amable는 "친절한"이라는 의미의 형용사이다. amable는 사람이 목적어일 때 전치사 "a"를 쓰는 규칙에서 예외이다. Ella es amable conmigo. "그녀는 내게 친절해."와 같이 전치사 con을 쓴다.

▶ **칭찬해 주시니 고맙습니다.**

Gracias por su elogio.

그라시아스 뽀르 수 엘로히오

▶ **과찬의 말씀입니다.**

Es usted muy amable.

에스 우스뗄 무이 아마블레

▶ **너무 치켜세우지 마세요.**

No me exagere tanto.

노 메 엑싸헤레 딴또

▶ **비행기 태우지 마세요.**

No me eche tantas flores.

노 메 에체스 딴따스 뽈로레스

▶ **그렇게 말씀해 주시니 고맙습니다.**

Gracias por decirlo.

그라시아스 뽀르 데씨를로

Voca elogio 칭찬 echar flores 지나치게 띄워주다

부끄러울 때

verg**ü**enza 단어 위에 ¨표시는 스페인어로 di**é**resis라고 하는데 그 철자 그대로 발음하면 된다는 표시이다. 따라서 verg**ü**enza는 [베르구엔사로 발음한다. 이 표시가 쓰인 또 다른 단어로는 ping**ü**ino [삥구이노]가 있다. 의미는 펭귄이다.

▶ 부끄러워.

Me da vergüenza.

메 다 베르구엔사

▶ 나 자신이 부끄러워.

Me avergüenzo de mí mismo.

메 아베르구엔소 데 미 미스모

▶ 그런 짓을 한 게 부끄럽습니다.

Me da vergüenza haber hecho eso.

메 다 베르구엔사 아베르 에초 에소

▶ 창피한 줄 알아요!

¡Debería darle vergüenza!

데베리아 다를레 베르구엔사

▶ 그 말씀을 들으니 얼굴이 붉어집니다.

Me pongo rojo al escuchar eso.

메 뽕고 로호 알 에스꾸차르 에소

Voca avergonzarse de ~을 부끄러워하다 ponerse rojo 얼굴이 붉어지다

10 좋고 싫음을 나타낼 때

좋고 싫음을 나타낼 때는 자신의 감정이나 생각을 표현하는 데 중요한 부분이다. 스페인어에서는 "좋아하다"를 표현할 때 주로 gustar 동사를 사용한다. 반대로 싫어할 때는 no me gusta라고 한다. 또한 muy, bastante, un poco 같은 부사를 써서 좋아하거나 싫어하는 정도를 조절할 수 있다.

Día 184 — 좋고 싫음을 물을 때

여성명사는 보통 a로 끝난다. 하지만 programa와 clima는 a로 끝나는 명사임에도 불구하고 남성명사이니 주의해야 한다.

▶ 어떤 종류의 영화를 좋아하세요?

¿Qué tipo de películas le gusta?

께 띠뽀 데 뻴리꿀라스 레 구스따

▶ 재즈를 좋아하세요?

¿Le gusta el jazz?

레 구스따 엘 재즈

▶ 어느 프로그램을 가장 좋아합니까?

¿Cuál es su programa favorito?

꾸알 에스 수 쁘로그라마 빠보리또

▶ 어떤 날씨를 좋아하세요?

¿Qué tipo de clima le gusta?

께 띠뽀 데 끌리마 레 구스따

Voca programa 프로그램 clima 날씨

좋아하는 것을 말할 때

me gusta/me encanta라고 말할 때 주의할 점은 뒤에 좋아하는 대상이 주어라는 점이다. Me gusta el café를 직역하면 "커피가 내게 즐거움을 준다"라는 뜻이다. 하지만 우리는 이를 의역하여 "나는 커피를 좋아한다"라고 이해하기 때문에 혼동하지 말아야 한다. 따라서 gustar랑 encantar 동사도 주어를 잘보고 성수 일치를 해야 한다.

▶ 나는 음악 비디오를 굉장히 좋아합니다.

Me encantan los vídeos musicales.

메 엔깐딴 로스 비데오스 무시깔레스

▶ 나는 수영장에서 수영하는 것을 좋아합니다.

Me gusta nadar en la piscina.

메 구스따 나다르 엔 라 삐씨나

▶ 나는 춤추러 가는 것을 좋아합니다.

Me gusta salir a bailar.

메 구스따 살리르 아 바일라르

▶ 나는 음악을 좋아합니다.

Me gusta la música.

메 구스따 라 무시까

▶ 그는 내가 특히 좋아하는 사람 중의 한 사람입니다.

Él es una de las personas que más me gustan.

엘 에스 우나 데 라스 뻬르소나스 께 마스 메 구스딴

Voca vídeo 동영상, 비디오 nadar 수영하다

싫어하는 것을 말할 때

싫어하는 것을 말할 때에는 no me gusta, detestar, no soportar 등의 표현을 다양하게 활용할 수 있다.

▶ 나는 춤추는 것을 몹시 싫어합니다.

Detesto bailar.

데떼스또 바일라르

▶ 나는 이런 종류의 음식이 싫습니다.

No me gusta este tipo de comida.

노 메 구스따 에스떼 띠뽀 데 꼬미다

▶ 나는 파티를 좋아하지 않습니다.

No me gustan las fiestas.

노 메 구스딴 라스 삐에스따스

▶ 나는 이런 더운 날씨가 참을 수 없을 만큼 싫습니다.

No soporto este calor.

노 소뽀르또 에스떼 깔로르

▶ 나는 팝 음악을 싫어해.

No me gusta la música pop.

노 메 구스따 라 무시까 뽑

Voca bailar 춤추다 fiesta 파티

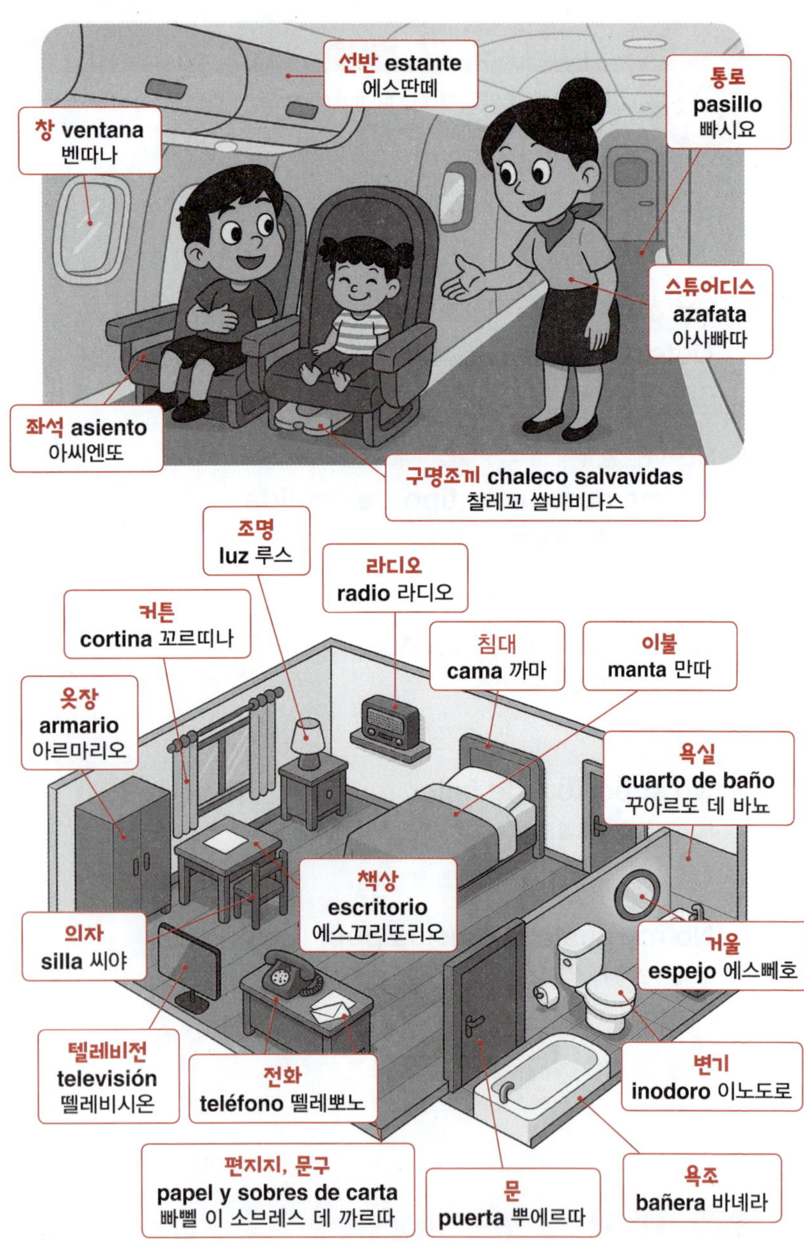

선반 estante 에스딴떼
창 ventana 벤따나
통로 pasillo 빠시요
스튜어디스 azafata 아사빠따
좌석 asiento 아씨엔또
구명조끼 chaleco salvavidas 찰레꼬 쌀바비다스
조명 luz 루스
라디오 radio 라디오
커튼 cortina 꼬르띠나
침대 cama 까마
이불 manta 만따
옷장 armario 아르마리오
욕실 cuarto de baño 꾸아르또 데 바뇨
책상 escritorio 에스끄리또리오
의자 silla 씨야
거울 espejo 에스뻬호
텔레비전 televisión 뗄레비시온
전화 teléfono 뗄레뽀노
변기 inodoro 이노도로
편지지, 문구 papel y sobres de carta 빠뻴 이 소브레스 데 까르따
문 puerta 뿌에르따
욕조 bañera 바녜라

사교 표현

상호간에 서로 밀접한 사이라면 약속이나 방문, 초대 등 다양하게 교류활동을 하게 될 것이다. 이럴 경우에는 상대방을 배려하는 마음이 무엇보다 중요하다.

스페인어로 약속을 정할 때 ¿Tiene alguna cita mañana? "내일 약속이 있으신가요?"처럼 정중하게 말할 수 있고, 친한 사이에서는 Podemos vernos algún día. "언제 한번 보자."라고 자연스럽게 표현할 수 있다.

Día 187 · 약속을 청할 때

시간이 있냐고 물어볼 때 많이 쓰는 표현은 ¿Tiene tiempo? 혹은 ¿Tiene un momento?이다.

▶ 시간 좀 있어요?

¿Tiene un momento?

띠에네 운 모멘또

▶ 잠깐 만날 수 있을까요?

¿Podríamos vernos un momento?

뽀드리아모스 베르노스 운 모멘또

▶ 내일 만날까요?

¿Quedamos mañana?

께다모스 마냐나

▶ 언제 한번 만나요.

Quedamos un día de estos.

께다모스 운 디아 데 에스또스

Voca un momento 잠깐 un día de estos 언제 한번

스케줄을 확인할 때

약속을 할 때 quedar 동사를 사용한다면 의미에 주의해야 한다. "만나기로 하다", "약속을 잡다"이다. Hemos quedado a las seis. "우리는 6시에 만나기로 했어", 이 문장에서 약속을 한 것인지 만났는지 여부는 알 수 없으니 주의하자.

▶ 이번 주 스케줄을 확인해 보겠습니다.

Voy a comprobar mi agenda de esta semana.

보이 아 꼼쁘로바르 미 아헨다 데 에스따 쎄마나

▶ 다음 주쯤으로 약속할 수 있습니다.

Podemos quedar para la semana que viene, más o menos.

뽀데모스 께다르 빠라 라 쎄마나 께 비에네 마스 오 메노스

▶ 그날은 약속이 없습니다.

No tengo ninguna cita ese día.

노 뗑고 닝구나 씨따 에쎄 디아

▶ 오늘 오후는 한가합니다.

Estoy libre esta tarde.

에스또이 리브레 에스따 따르데

▶ 3시 이후 2시간 정도 시간이 있습니다.

Tengo unas dos horas libres después de las tres.

뗑고 우나스 도스 오라스 리브레스 데스뿌에스 데 라스 뜨레스

Voca   agenda 일정   cita 약속

약속 시간과 날짜를 정할 때

날짜 앞에는 el 5 de mayo "5월 5일"처럼 보통 정관사 el을 쓴다. 반면, 시간 앞에는 전치사 a를 사용한다. a la una "1시에"/a las tres "3시에"

▶ 몇 시로 했으면 좋겠어요?

¿A qué hora le vendría bien?

아 께 오라 레 벤드리아 비엔

▶ 몇 시로 약속하겠습니까?

¿A qué hora quedamos?

아 께 오라 께다모스

▶ 3시는 괜찮겠습니까?

¿Le viene bien a las tres?

레 비에네 비엔 아 라스 뜨레스

▶ 언제 만나면 될까요?

¿Cuándo podríamos vernos?

꾸안도 뽀드리아모스 베르노스

▶ 언제가 가장 좋을까요?

¿Qué día y hora le vienen mejor?

께 디아 이 오라 레 비에넨 메호르

Voca hora 시 venir bien a~ ~에게 괜찮다

약속 장소를 정할 때

querer 동사 뒤에 que가 오고 문장이 시작되면 접속법이 사용되어야 한다. 이와 유사하게 esperar, desear 동사와 같이 희망이나 바람을 나타내는 동사에는 que 뒤에 접속법이 사용되니 주의하자.

▶ 어디서 만날까요?

¿Dónde nos vemos?

돈데 노스 베모스

▶ 어디서 만나기로 할까요?

¿Dónde quedamos?

돈데 께다모스

▶ 거기가 만나기에 괜찮은 곳이네요.

Ese lugar está bien para vernos.

에쎄 루가르 에스따 비엔 빠라 베르노스

▶ 당신을 방문할까요?

¿Quiere que le visite?

끼에레 께 레 비시떼

▶ 이곳으로 올 수 있습니까?

¿Puede venir aquí?

뿌에데 베니르 아끼

Voca lugar 장소 visitar 방문하다

약속 제안에 승낙할 때

스페인어로 주에 해당하는 단어는 semana이다. 주말은 fin de semana
인데 직역하면 주의 끝이다.

▶ 좋아요, 시간 괜찮아요.

Está bien, tengo tiempo.

에스따 비엔 뗑고 띠엠뽀

▶ 이번 주말엔 별다른 계획이 없어요.

**No tengo planes especiales para este fin de
semana.**

노 뗑고 쁠라네스 에스뻬시알레스 빠라 에스떼 삔 데 쎄마나

▶ 어느 정도 시간을 주시겠습니까?

¿Podría darme algo de tiempo?

뽀드리아 다르메 알고 데 띠엠뽀

▶ 감사합니다. 그 시간에 그곳으로 가겠습니다.

Gracias. Iré allí a la hora acordada.

그라시아스 이레 아이 아 라 오라 아꼬르다다

▶ 그럼, 그때 만납시다. 안녕.

Entonces, nos vemos en ese momento. Adiós.

엔똔세스 노스 베모스 엔 에쎄 모멘또 아디오스

Voca plan 계획

약속 제안을 거절할 때

poco는 "거의 없는"에 해당하고, un poco는 "조금", "약간"이라는 의미다. Tengo poco dinero. "난 돈이 거의 없어."/Tengo un poco de dinero. "나 돈 약간 있어."

▶ 미안해요, 제가 오늘 좀 바빠서요.

Lo siento, hoy estoy un poco ocupado.

로 씨엔또 오이 에스또 운 뽀꼬 오꾸빠도

▶ 오늘 손님이 오기로 돼 있어요.

Hoy espero una visita.

오이 에스뻬로 우나 비시따

▶ 미안해요, 제가 오늘은 스케줄이 꽉 차 있어요.

Lo siento, hoy tengo la agenda llena.

로 씨엔또 오이 뗑고 라 아헨다 예나

▶ 선약이 있습니다.

Tengo un compromiso previo.

뗑고 운 꼼쁘로미소 쁘레비오

▶ 죄송한데, 다른 약속이 있습니다.

Lo siento, pero tengo otra cita.

로 씨엔또 뻬로 뗑고 오뜨라 씨따

Voca estar ocupado 바쁘다 compromiso previo 선약

약속을 변경할 때

"연기하다", "미루다"라는 의미의 동사는 posponer, aplazar가 있다. "비행기가 지연되다"라고 할 때는 retrasar 동사를 더 자주 쓴다. El vuelo se ha retrasado. "비행기가 지연되었다."

▶ 한 시간만 뒤로 미룹시다.

Aplacemos solo una hora.

아쁠라쎄모스 쏠로 우나 오라

▶ 다음 기회로 미뤄도 될까요?

¿Podríamos posponerlo para otra vez?

뽀드리아모스 뽀스뽀네를로 빠라 오뜨라 베스

▶ 다음으로 미룹시다.

Dejémoslo para la próxima.

데헤모슬로 빠라 라 쁘록시마

▶ 약속시간을 좀 당기면 어떨까요?

¿Qué le parece si adelantamos un poco la hora de la cita?

께 레 빠레쎄 씨 아델란싸모스 운 뽀꼬 라 오라 데 라 씨따

▶ 제 약속을 연기해야겠습니다.

Voy a tener que posponer mi cita.

보이 아 떼네르 께 뽀스뽀네르 미 씨따

Voca aplazar 연기하다 adelantar 앞당기다

약속을 취소할 때

"약속을 취소하다"라고 말할 때 가장 많이 쓰이는 동사는 cancelar이다. 좀 더 격식있거나 공식적으로는 anular 동사도 사용한다.

▶ 약속을 취소해야겠어요.

Tengo que cancelar la cita.

뗑고 께 깐셀라르 라 씨따

▶ 약속을 지키지 못한 걸 용서해 주세요.

Perdón por no haber cumplido la cita.

뻬르돈 보르 노 아베르 꿈쁠리도 라 씨따

▶ 약속에 못 나갈 것 같아요.

Creo que no podré ir a la cita.

끄레오 께 노 뽀드레 이르 아 라 씨따

▶ 약속을 취소해도 될까요?

¿Le parece bien si cancelo la cita?

레 빠레쎄 비엔 씨 깐셀로 라 씨따

▶ 사정이 생겨서 내일 찾아 뵐 수 없게 되었습니다.

Ha surgido un imprevisto y no podré visitarle mañana.

아 수르히도 운 임쁘레비스또 이 노 뽀드레 비시따를레 마냐나

Voca cancelar 취소하다 imprevisto 예상치 못한 일

"어떤 일이 있어도"는 pase lo que pase라고 한다. 이와 유사한 "어떻든 간에"는 sea como sea라고 한다. Sea como sea, siempre estaré contigo. "어찌됐든 나는 항상 너와 있을 거야."

▶ 새끼손가락 걸고 약속하자.

Prometámoslo con el meñique.

쁘로메따모슬로 꼰 엘 메니께

▶ 나는 약속을 잘 지키는 사람이야.

Soy una persona que siempre cumple sus promesas.

쏘이 우나 뻬르쏘나 께 씨엠쁘레 꿈쁠레 수스 쁘로메사스

▶ 약속 어기지 마라.

No rompas tu promesa.

노 롬빠스 뚜 쁘로메사

▶ 너는 무슨 일이 있어도 약속을 지켜야 한다.

Pase lo que pase, debes cumplir tu promesa.

빠세 로 께 빠세 데베스 꿈쁠리르 뚜 쁘로메사

▶ 약속합시다, 날짜를 정합시다.

Hagamos una cita, fijemos una fecha.

아가모스 우나 씨따 삐헤모스 우나 뻬차

Voca meñique 새끼손가락 fijar una fecha 날짜를 정하다

상대방의 의향을 물을 때는 ¿Vendría usted? 또는 ¿Podría venir? 같은 표현을 사용한다. 초대를 받은 사람은 "초대해 주셔서 감사합니다"라는 뜻의 Gracias por invitarme라는 표현을 잊지말자. 초대할 때는 Le gustaría que viniera a cenar와 같은 표현이 일반적이며 초대를 받아들이거나 거절할 때 쓸 표현도 미리 익혀두는 것이 좋다.

Día 196 · 초대할 때

"초대하다"라는 동사는 invitar이며 명사는 invitación이다.

▶ 언제 한번 놀러오세요.

Venga a visitarme, por favor.

벵가 아 비시따르메 뽀르 빠보르

▶ 저희 집에 언제 한번 들르실래요?

¿Por qué no se pasa un día por mi casa?

뽀르 께 노 쎄 빠사 운 디아 뽀르 미 까사

▶ 제 생일 파티에 당신을 초대하고 싶습니다.

Quisiera invitarle a mi fiesta de cumpleaños.

끼시에라 인비따를레 아 미 삐에스따 데 꿈쁠레아뇨스

▶ 당신을 초대해 저녁식사를 하고 싶습니다.

Me gustaría invitarle a cenar.

메 구스따리아 인비따를레 아 쎄나르

Voca visitar 방문하다 pasarse por 잠깐 들르다

초대에 응할 때

Acepto la invitación. "초대에 응할게요."/Con mucho gusto. "기꺼이요."/Estaré encantado de asistir. "기꺼이 참석하겠습니다."/Me encantaríair. "가고 싶어요."/Gracias por invitarme, allí estaré. "초대해 주셔서 감사합니다, 거기 갈게요." 등과 같은 표현으로 상대의 제안이나 초대에 응할 수 있다.

▶ 예, 좋습니다.

Sí, me encanta.

씨 메 엔깐따

▶ 좋은 생각이에요.

Es una buena idea.

에스 우나 부에나 이데아

▶ 기꺼이 그렇게 하겠습니다.

Con mucho gusto.

꼰 무초 구스또

▶ 그거 아주 좋겠는데요.

Eso estaría muy bien.

에소 에스따리아 무이 비엔

▶ 멋진데요.

Genial.

헤니알

Voca idea 생각 genial 훌륭한

Día 198

초대에 응할 수 없을 때

Lo siento, no podré asistir. "죄송하지만 참석할 수 없어요."/Gracias por la invitación, pero tengo otro compromiso. "초대해 주셔서 감사하지만, 다른 약속이 있어요."/Otra vez será. "다음 기회에요." 등과 같은 표현으로 초대를 정중히 거절할 수 있다.

▶ 죄송하지만, 그럴 수 없습니다.

Lo siento, pero no puedo hacerlo.

로 씨엔또 뻬로 노 뿌에도 아쎄를로

▶ 죄송하지만, 해야 할 일이 있습니다.

Lo siento, pero tengo cosas que hacer.

로 씨엔또 뻬로 뗑고 꼬사스 께 아쎄르

▶ 유감스럽지만 안 될 것 같군요.

Me temo que no será posible.

메 떼모 께 노 쎄라 뽀시블레

▶ 그럴 수 있다면 좋겠군요.

Ojalá pudiera.

오할라 뿌디에라

▶ 그러고 싶지만, 오늘 밤은 이미 계획이 있습니다.

Me gustaría, pero ya tengo planes para esta noche.

메 구스따리아 뻬로 야 뗑고 쁠라네스 빠라 에스따 노체

Voca　ojalá ~이면 좋겠다

가정이나 사무실에 손님이 왔을 때 "어서 오세요"라는 인사말로는 Por favor, pase/Bienvenido/¿En qué puedo ayudarle? 같은 표현을 사용한다. 집에 돌아온 사람에게는 Bienvenido a casa라고 인사하며, 초대받은 방문객은 Gracias por invitarme 라고 답하는 것이 적절하다.

Día 199 현관에서

초대한 사람이 ¡Bienvenido! "환영합니다!"라고 환영인사를 하면, 초대받은 사람은 Gracias por invitarme.라고 답하는 것이 일반적이다. 초대를 받았을 때 감사하다는 인사는 잊지 말도록 하자.

▶ 초대해 주셔서 감사합니다.

Gracias por invitarnos.

그라시아스 뽀르 인비따르노스

▶ 여기 조그만 선물입니다.

Aquí tiene un pequeño regalo.

아끼 띠에네 운 뻬께뇨 레갈로

▶ 잘 오셨습니다.

Bienvenido.

비엔베니도

▶ 이쪽으로 오시죠.

Por aquí, por favor.

뽀르 아끼 뽀르 빠보르

Voca regalo 선물

listo는 두 가지 의미를 지닌다. ser listo는 "영리한"/estar listo는 "준비된"의 의미이다. Ese chico es muy listo. "저 아이는 정말 똑똑해."/ Estoy listo para salir. "나 나갈 준비 됐어."

▶ 뭐 좀 마시겠습니까?

¿Le apetece algo de beber?

레 아뻬떼쎄 알고 데 베베르

▶ 과자라도 드십시오.

Por favor, tome unas galletas.

뽀르 빠보르 또메 우나스 가예따스

▶ 케이크를 좀 더 드시겠습니까?

¿Quiere un poco más de pastel?

끼에레 운 뽀꼬 마스 데 빠스뗄

▶ 저녁식사로 불고기를 준비하고 있습니다.

He preparado bulgogi para la cena.

에 쁘레빠라도 불고기 빠라 라 쎄나

▶ 저녁식사 준비가 되었습니다.

La cena está lista.

라 쎄나 에스따 리스따

Voca pastel 케이크 galleta 과자

방문을 마칠 때

es hora de~는 "~할 시간이다"라는 뜻으로, 스페인어에서 많이 쓰이는 구문이다. Es hora de comer. "밥 먹을 시간이다."/Es hora de descansar. "쉴 시간이다."/Es hora de salir. "나갈 시간이다." 등 뒤에 동사 원형만 붙여주면 되는 간단한 구조이니 잘 기억하고 사용해보자.

▶ 가 봐야겠어요.

Tengo que irme.

뗑고 께 이르메

▶ 떠나려고 하니 아쉽습니다.

Me da pena tener que irme.

메 다 뻬나 떼네르 께 이르메

▶ 그럼, 저 가 볼게요.

Bueno, entonces me voy.

부에노 엔똔세스 메 보이

▶ 가 봐야 할 것 같네요.

Creo que ya debería irme.

끄레오 께 야 데베리아 이르메

▶ 이제 일어서는 게 좋을 것 같네요.

Creo que ya es hora de levantarme.

끄레오 께 야 에스 오라 데 레반따르메

Voca　irse 떠나다　levantarse 일어나다

주인으로로서의 작별 인사

방문을 마치고 돌아가는 사람에게 Gracias por venir. "와줘서 고마워요.", Me ha encantado tenerle aquí. "여기 와줘서 정말 기뻤어요.", Cuando quiera, vuelva a visitarnos. "언제든 다시 놀러 오세요." Cuídese mucho. "몸 조심하세요."와 같은 표현을 쓴다.

▶ 방문해 주셔서 고맙습니다.

Gracias por su visita.

그라시아스 뽀르 수 비시따

▶ 지금 가신다는 말입니까?

¿Quiere decir que ya se marcha?

끼에레 데씨르 께 야 쎄 마르차

▶ 저녁 드시고 가시지 않으시겠어요?

¿No quiere cenar?

노 끼에레 쎄나르

▶ 오늘 밤 재미있었어요?

¿Se lo ha pasado bien esta noche?

쎄 로 아 빠사도 비엔 에스따 노체

▶ 오늘 즐거우셨어요?

¿Lo ha pasado bien hoy?

로 아 빠사도 비엔 오이

Parte 5 사교 표현

Voca visita 방문 marcharse 떠나다

Vamos a salir a almorzar는 "점심 먹으러 나가자"라는 뜻이고, Vamos a salir a tomar un bocadillo는 "뭐 간단히 먹으러 나가자"라는 뜻이다. 계산할 때는 Yo invito. "제가 살게요." 또는 Permítame invitarle a almorzar. "점심 제가 살게요." 같은 표현을 쓴다. 친한 사람에게는 Yo te invito a una copa라고 하여 "내가 한잔 살게"라는 의미로 쓸 수 있다.

Día 203 식사를 제의할 때

desayunar "아침을 먹다"/almorzar "점심을 먹다"/cenar "저녁을 먹다" 이니 시간대별로 잘 활용해보자.

▶ 우리 점심 식사나 같이할까요?

¿Almorzamos juntos?

알모르사모스 훈또스

▶ 저녁 식사 같이하시겠어요?

¿Le gustaría cenar conmigo?

레 구스따리아 쎄나르 꼰미고

▶ 저녁 식사하러 오세요.

Venga a cenar.

벵가 아 쎄나르

▶ 오늘 저녁에 외식하자.

Salgamos a cenar esta noche.

쌀가모스 아 쎄나르 에스따 노체

Voca almorzar 점심을 먹다 cenar 저녁을 먹다

대접할 때

invitar는 "초대하다"라는 의미도 있고 "대접하다", "한턱 쏘다"의 의미도 있다.

▶ 자 갑시다! 제가 살게요.

¡Vamos! Invito yo.

바모스 인비또 요

▶ 제가 점심을 대접하겠습니다.

Le invito a almorzar.

레 인비또 아 알모르사르

▶ 걱정 마, 내가 살게.

No te preocupes, yo invito.

노 떼 쁘레오꾸뻬스 요 인비또

▶ 오늘 저녁을 제가 사겠습니다.

Esta noche invito yo la cena.

에스따 노체 인비또 요 라 쎄나

▶ 제가 한잔 사겠습니다.

Le invito a tomar algo.

레 인비또 아 또마르 알고

Voca invitar 대접하다 tomar 마시다

식사를 할 때

antes de는 "~이전에"라는 의미이고 그 반대인 "~이후에"는 después de이다.

▶ 식사 전에 손을 씻어라.

Lávate las manos antes de comer.

라바떼 라스 마노스 안떼스 데 꼬메르

▶ 저녁으로 불고기를 마련했습니다.

He preparado bulgogi para la cena.

에 쁘레빠라도 불고기 빠라 라 쎄나

▶ 마음껏 드십시오.

Coma todo lo que quiera.

꼬마 또도 로 께 끼에라

▶ 고기를 좀 더 드시겠어요?

¿Quiere un poco más de carne?

끼에레 운 뽀꼬 마스 데 까르네

▶ 좋아하지 않으신다면 남기십시오.

Si no le gusta puede dejarlo.

씨 노 레 구스따 뿌에데 데하를로

Voca lavarse las manos 손을 씻다 dejar 남기다

식사를 마칠 때

배가 부를 때 Estoy lleno라고 말할 수 있고 Estoy satisfecho라는 표현을 쓸 수도 있다. 직역하면 "나는 만족스럽다"이다.

▶ 잘 먹었습니다.

He comido muy bien.

에 꼬미도 무이 비엔

▶ 배가 부릅니다.

Estoy lleno.

에스또이 예노

▶ 훌륭한 식사였습니다.

Ha sido una comida excelente.

아 씨도 우나 꼬미다 엑쎌렌떼

▶ 정말 맛있는 저녁을 먹었습니다.

He cenado muy rico.

에 쎄나도 무이 리꼬

▶ 저녁 식사 아주 맛있게 먹었습니다.

He disfrutado mucho la cena.

에 디스쁘루따도 무초 라 쎄나

Voca estar lleno 배부르다 rico 맛있는

차를 마실 때

café는 스페인어로 커피이고 발음은 [까뻬]라고 한다. 우리나라에서는 카페를 커피가 아닌 커피숍으로 알기 때문에 혼동하지 않도록 주의하자. 스페인어로 커피숍은 cafetería라고 하고 줄여서 café라고 하기도 한다.

▶ 저녁 식사 후에 커피를 마시겠습니다.

Tomaré un café después de la cena.

또마레 운 까뻬 데스뿌에스 데 라 쎄나

▶ 커피와 홍차 중 어느 쪽이 좋으십니까?

¿Prefiere café o té negro?

쁘레삐에레 까뻬 오 떼 네그로

▶ 커피에 설탕이나 크림을 넣어 드릴까요?

¿Quiere azúcar o nata en el café?

끼에레 아수까르 오 나따 엔 엘 까뻬

▶ 커피를 좀 더 드시겠습니까?

¿Le gustaría un poco más de café?

레 구스따리아 운 보꼬 마스 데 까뻬

▶ 크림과 설탕을 넣어 주십시오.

Con crema y azúcar, por favor.

꼰 끄레마 이 아수까르 보르 빠보르

Voca té negro 홍차 nata/crema 크림 azúcar 설탕

술을 권할 때

beber는 "마시다"라는 동사인데 만약 뒤에 아무것도 없이 ¿Quiere beber? "마시고 싶어?"라고 질문한다면 술을 연상하는 경우가 많다.

▶ 오늘 밤 한잔하시죠?

¿Tomamos una copa esta noche?

또마모스 우나 꼬빠 에스따 노체

▶ 한잔 사고 싶은데요.

Me gustaría invitarle a una copa.

메 구스따리아 인비따를레 아 우나 꼬빠

▶ 술 마시는 걸 좋아하세요?

¿Le gusta beber alcohol?

레 구스따 베베르 알꼬올

▶ 저희 집에 가서 한잔합시다.

Vamos a mi casa y tomamos algo.

바모스 아 미 까사 이 또마모스 알고

▶ 술은 어때요?

¿Qué le parece tomar algo de alcohol?

께 레 빠레쎄 또마르 알고 데 알꼬올

Voca alcohol 알코올, 술

건배를 할 때

salud은 건배할 때 쓰는 말이면서 "건강"이라는 의미도 있으니 참고하
자.

▶ 건배합시다!

¡Brindemos!

브린데모스

▶ 건배!

¡Salud!

살룻

▶ 당신을 위하여! 건배!

¡Por usted! ¡Salud!

뽀르 우스델 살룻

▶ 우리들의 건강을 위해!

¡Por nuestra salud!

뽀르 누에스뜨라 살룻

▶ 여러분 모두의 행복을 위해!

¡Por la felicidad de todos ustedes!

뽀를 라 뻴리씨닫 데 또도스 우스떼데스

Voca brindar 건배하다

영수증을 달라고 할 때 La cuenta, por favor.라고 간단하게 말할 수도 있고, ¿Me puede dar la cuenta?라고 문장으로 말할 수도 있다.

▶ **어디서 계산하나요?**

¿Dónde pago?

돈데 빠고

▶ **계산해 주세요.**

La cuenta, por favor.

라 꾸엔따 뽀르 빠보르

▶ **전부 얼마입니까?**

¿Cuánto es en total?

꾸안또 에스 엔 또딸

▶ **따로 지불하고 싶은데요.**

Quiero pagar por separado.

끼에로 빠가르 뽀르 쎄빠라도

▶ **계산이 틀린 것 같습니다.**

Creo que hay un error en la cuenta.

끄레오 께 아이 운 에로르 엔 라 꾸엔따

Parte 5 사교 표현

Voca pagar 지불하다 por separado 따로따로

전화를 걸어서 누구와 통화하고 싶다고 말할 때는 ¿Puedo hablar con~, por favor?라고 표현할 수 있다. 좀 더 공손하게 말하고 싶다면 Quisiera hablar con~, por favor.라고도 한다. 당사자가 자리에 없거나 전화를 받을 수 없는 상황이라면 ¿Puedo dejarle un mensaje?라고 하면서 메시지를 남길 수 있는지 물어보면 된다.

Día 211 — 전화를 걸기 전에

요새는 대부분 휴대전화를 가지고 있고 여행할 때도 로밍을 하지만 그렇지 않은 경우 사용할 수 있는 말을 알아보자.

▶ 전화를 사용해도 될까요?

¿Puedo usar el teléfono?

뿌에도 우싸르 엘 뗄레뽀노

▶ 공중전화는 어디에 있습니까?

¿Dónde hay un teléfono público?

돈데 아이 운 뗄레뽀노 뿌블리꼬

▶ 전화번호부가 있습니까?

¿Tiene una guía telefónica?

띠에네 우나 기아 뗄레뽀니까

▶ 전화를 걸어 주시겠습니까?

¿Podría hacer una llamada por mí?

뽀드리아 야마르 우나 야마다 뽀르 미

Voca teléfono 전화기 guía telefónica 전화번호부

전화를 걸 때

스페인어로 1~10까지는 다음과 같다. uno(우노), dos(도스), tres(뜨레스), cuatro(꾸아뜨로), cinco(씽꼬), seis(쎄이스), siete(씨에떼), ocho(오초), nueve(누에베), diez(디에스)

▶ 거기가 701-6363입니까?

¿Es el 701-6363?

에스 엘 씨에떼쎄로우노 쎄이스뜨레스쎄이스뜨레스

▶ 여보세요! 저는 김인데요.

¡Hola! Soy Kim.

올라 쏘이 김

▶ 서울의 토니 장입니다.

Soy Tony Chang, de Seúl.

쏘이 토니 장 데 세울

▶ 김 씨 계세요?

¿Se encuentra el señor Kim?

쎄 엔꾸엔뜨라 엘 쎄뇨르 김

▶ 여보세요, 브라운 씨입니까?

Hola, ¿hablo con el señor Brown?

올라 아블로 꼰 엘 쎄뇨르 브라운

Voca hablar con~ ~와 얘기/전화 중이다

Tome, es para usted. "받으세요, 당신한테 온 전화예요."라고 말하며 상대방에게 전화를 넘길 수 있다.

▶ 전화 왔습니다.

Tiene una llamada.

띠에네 우나 야마다

▶ 전화는 제가 받을게요.

Yo contesto el teléfono.

요 꼰떼스또 엘 뗄레뽀노

▶ 전화한 사람이 누구예요?

¿Quién llama?

끼엔 야마

▶ 전화 좀 받아 주세요.

Conteste el teléfono, por favor.

꼰떼스떼 엘 뗄레뽀노 뽀르 빠보르

▶ 전화 좀 받아 주실래요?

¿Podría atender el teléfono, por favor?

뽀드리아 아뗀데르 엘 뗄레뽀노 뽀르 빠보르

Voca contestar/atender el teléfono 전화를 받다

전화를 받을 때 1

"여보세요."라는 표현은 다양하다. ¿Sí?, Hola, Dígame. 등의 표현이 쓰인다.

▶ 내가 전화를 받을 거야.

Yo voy a contestar el teléfono.

요 보이 아 꼰떼스따르 엘 뗄레뽀노

▶ 여보세요.

¡Hola!

올라

▶ 예, 강입니다.

Sí, soy Kang.

씨 쏘이 강

▶ 전데요.

Soy yo.

쏘이 요

▶ 네! 전화 주셔서 감사합니다.

¡Sí! Gracias por llamar.

씨 그라시아스 뽀르 야마르

Parte 5 사교 표현

Voca yo 나 llamar 전화하다

전화를 받을 때 2

회사에서 다른 사람의 전화를 대신 받는 경우라면 상대가 찾는 사람에 대해 추가 정보를 요청해야 할 수도 있다. 어느 부서에서 일하는 사람이냐고 물어보려면 ¿De qué departeamento es? "어느 부서 소속인가요?", 이름의 철자를 불러 달라고 하려면 ¿Me lo puede deletrear, por favor? "철자 좀 말씀해 주실래요?"라고 표현할 수 있다.

▶ 성함을 알려 주시겠습니까?

¿Podría decirme su nombre, por favor?

보드리아 데씨르메 수 놈브레 보르 빠보르

▶ 철자를 불러 주시겠습니까?

¿Podría deletrearlo, por favor?

보드리아 델레뜨레아를로 보르 빠보르

▶ 누구에게 전화하셨습니까?

¿A quién llama?

아 끼엔 야마

▶ 어떤 용건인지 여쭤 봐도 될까요?

¿Podría decirme de qué se trata, por favor?

보드리아 데씨르메 데 께 쎄 뜨라따 보르 빠보르

▶ 죄송합니다, 좀 더 크게 말씀해 주시겠어요?

Disculpe, ¿podría hablar un poco más alto, por favor?

디스꿀뻬 보드리아 아블라르 운 뽀꼬 마스 알또 보르 빠보르

Voca nombre 이름 deletrear 철자를 말하다

전화를 바꿔 줄 때

전화를 바꿔줄 때는 Por favor, no cuelgue y espere un momento. "끊지 말고 잠시만 기다려 주세요."라고 표현하면 된다.

▶ 잠깐만 기다려 주세요.

Un momento, por favor.

운 모멘또 보르 빠보르

▶ 누구 바꿔 드릴까요?

¿A quién le paso la llamada?

아 끼엔 레 빠소 라 야마다

▶ 테일러 씨, 해리 전화예요.

Señor Taylor, es una llamada de Harry.

쎄뇨르 테일러 에스 우나 야마다 데 해리

▶ 그대로 기다려 주시겠어요?

¿Podría esperar un momento?

보드리아 에스뻬라르 운 모멘또

▶ 기다리게 해서 죄송합니다.

Perdón por hacerle esperar.

뻬르돈 보르 아쎄를레 에스뻬라르

Voca pasar 전달하다 esperar 기다리다

전화를 받을 수 없을 때

A라는 사람이 전화를 받기 힘들 때, 전화를 건 상대방에게 대신 받은 내가 할 수 있는 말은 A no está disponible en este momento다. porque로 이어서 이유를 말할 수 있는데, no está en este momento. "부재 중입니다."/está fuera de la oficina. "외출 중입니다."/no trabaja hoy. "오늘 근무하지 않습니다." 등과 같이 대표적인 이유들을 말하면 된다.

▶ 지금 자리에 안 계세요.

Ahora no está en su puesto.

아오라 노 에스따 엔 수 뿌에스또

▶ 그는 지금 통화하기 힘들어요.

Ahora no puede atender la llamada.

아오라 노 뿌에데 아뗀데르 라 야마다

▶ 통화 중입니다.

La línea está ocupada.

라 리네아 에스따 오꾸빠다

▶ 미안합니다, 그는 아직도 통화 중입니다.

Lo siento, él sigue hablando por teléfono.

로 씨엔또 엘 씨게 아블란도 뽀르 뗄레뽀노

▶ 나중에 그에게 다시 전화해 주시겠어요?

¿Podría llamarle más tarde?

뽀드리아 야마를레 마스 따르데

Voca estar en un puesto 자리에 있다 estar ocupado 통화 중이다

메시지를 받을 때

상대에게 메시지를 남기겠냐고 물을 때는 ¿Quiere dejar un mensaje? 라고 하면 된다. dejar는 여러 뜻이 있지만 이 문맥에서는 "남기다"의 의미로 쓰인다. 같은 의미의 예문을 하나 들자면, Voy a dejar una nota en la puerta. "문에 메모 하나 남길게요."가 있다.

▶ 그에게 메시지를 전해 드릴까요?

¿Quiere que le deje un recado?

끼에레 께 레 데헤 운 레까도

▶ 메시지를 남기시겠습니까?(전할 말씀 있으세요?)

¿Le gustaría dejar un mensaje?

레 구스따리아 데하르 운 멘싸헤

▶ 그에게 전화드리라고 할까요?

¿Quiere que le diga que le llame?

끼에레 께 레 디가 께 레 야메

▶ 그에게 메시지를 남겨도 될까요?

¿Puedo dejar un mensaje?

뿌에도 데하르 운 멘사헤

▶ 메시지를 받아 둘까요?

¿Desea que tome nota del mensaje?

데세아 께 또메 노따 델 멘사헤

Voca recado/mensaje 메시지 tomar nota 적다

메시지를 부탁할 때

volver는 단독으로 쓰이면 "돌아가다"의 의미이지만 volver a 동사 원형은 "다시 ~하다"의 의미이다. Vuelvo a casa. "나는 집으로 돌아간다."/ Vuelvo a estudiar español. "나는 스페인어를 다시 공부한다."

▶ 그녀에게 메시지를 남기고 싶은데요.

Quisiera dejarle un mensaje a ella.

끼시에라 데하를레 운 멘사헤 아 에야

▶ 제게 전화해 달라고 그에게 전해 주시겠습니까?

¿Podría decirle que me llame, por favor?

뽀드리아 데씨를레 께 메 야메 뽀르 빠보르

▶ 돌아오면 저한테 전화해 달라고 전해 주시겠습니까?

¿Podría decirle que me llame cuando regrese?

뽀드리아 데씨를레 께 메 야메 꾸안도 레그레세

▶ 제가 전화했었다고 그에게 좀 전해 주시겠습니까?

¿Podría decirle que he llamado, por favor?

뽀드리아 데씨를레 께 에 야마도 뽀르 빠보르

▶ 그에게 제가 다시 전화하겠다고 좀 전해 주십시오.

Por favor, dígale que volveré a llamarle.

뽀르 빠보르 디갈레 께 볼베레 아 야마를레

Voca regresar 돌아오다 volver a 동사 원형 다시 ~하다

잘못 걸려 온 전화를 받았을 때

equivocarse는 "착각하다", "틀리다"의 의미이다. 전화 상황에서 equiv-ocarse de número는 "번호를 잘못 누르다" 즉, "잘못 걸다"의 의미이다.

▶ 전화를 잘못 거셨습니다.

Se ha equivocado de número.

쎄 아 에끼보까도 데 누메로

▶ 전화번호를 다시 확인해 보세요.

Revise el número, por favor.

레비쎄 엘 누메로 뽀르 빠보르

▶ 미안합니다만, 여긴 잭이라는 사람이 없는데요.

Lo siento, pero aquí no hay nadie llamado Jack.

로 씨엔또 뻬로 아끼 노 아이 나디에 야마도 잭

▶ 아닌데요.

No.

노

▶ 여보세요, 누구를 찾으세요?

¿Dígame, a quién busca?

디가메 아 끼엔 부스까

Parte 5 사교 표현

Voca equivocarse 착각하다 número 번호

국제전화를 이용할 때

한국은 스페인어로 Corea라고 한다. 북한은 Corea del Norte, 남한은 Corea del Sur라고 하니 알아두자.

▶ 이 전화로 한국에 걸 수 있습니까?

¿Puedo llamar a Corea desde este teléfono?

뿌에도 야마르 아 꼬레아 데스데 에스떼 뗄레보노

▶ 한국에 전화하고 싶은데요.

Quisiera hacer una llamada a Corea.

끼시에라 아쎄르 우나 야마다 아 꼬레아

▶ 수신자 요금 부담으로 부탁합니다.

Por favor, que el destinatario pague la llamada.

뽀르 빠보르 께 엘 데스띠나따리오 빠게 라 야마다

▶ 직접 (국제)전화를 걸 수 있습니까?

¿Puedo hacer una llamada internacional directa?

뿌에도 아쎄르 우나 야마다 인떼르나시오날 디렉따

▶ 신용카드로 전화를 걸고 싶습니다.

Quisiera hacer una llamada con tarjeta de crédito.

끼시에라 아쎄르 우나 야마다 꼰 따르헤따 데 끄레디또

Voca destinatario 수신자 tarjeta de crédito 신용카드

oír와 escuchar 모두 "듣다"라는 의미이다. 하지만 차이가 있는데 oír 는 자동적으로 소리가 "들리다"에 가깝다면 escuchar는 집중해서 "듣다"에 가깝다. Oigo música en la calle. "길에서 음악이 들린다."/ Escucho a mi profesor con atención. "나는 선생님 말씀을 주의 깊게 듣고 있다."

▶ 잘 안 들립니다.

No le oigo bien.

노 레 오이고 비엔

▶ 거의 들리지 않습니다.

Casi no le escucho.

까시 노 레 에스꾸초

▶ 회선 상태가 안 좋은 것 같습니다.

Parece que hay problemas con la línea.

빠레쎄 께 아이 쁘로블레마스 꼰 라 리네아

▶ 큰 소리로 말씀해 주시겠습니까?

¿Podría hablar más alto, por favor?

뽀드리아 아블라르 마스 알또 뽀르 빠보르

▶ 잘못된 번호로 연결되었습니다.

Se ha comunicado con el número equivocado.

쎄 아 꼬무니까도 꼰 엘 누메로 에끼보까도

Voca oír 듣다 número equivocado 잘못된 번호

colgar는 기본적으로 "걸다"라는 의미이다. Colgar la ropa. "옷을 걸다."의 경우에 사용된다. 하지만 예전 전화기들은 수화기를 받침대에 걸어놓으며 전화를 끊었기에 colgar가 "전화를 끊다"라는 의미가 생겨났다.

▶ 이만 전화를 끊어야겠어요.

Tengo que colgar ahora.

뗑고 께 꼴가르 아오라

▶ 다른 전화가 왔어요.

Me está entrando otra llamada.

메 에스따 엔뜨란도 오뜨라 야마다

▶ 전화 주셔서 고맙습니다.

Gracias por llamar.

그라시아스 뽀르 야마르

▶ 너무 많은 시간을 빼앗아서 죄송합니다.

Perdone por haberle quitado tanto tiempo.

뻬르도네 뽀르 아베를레 끼따도 딴또 띠엠뽀

▶ 미안해요, 긴 이야기는 못 하겠어요.

Lo siento, no puedo hablar mucho rato.

로 씨엔또 노 뿌에도 아블라르 무초 라또

Voca colgar 전화를 끊다 entrar una llamada 전화가 걸려오다

케첩
kétchup
께춥

머스터드
mostaza
모스따사

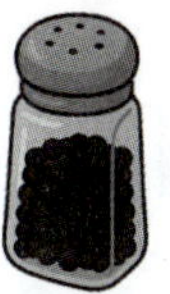

후추
pimienta
삐미엔따

간장
alsa de soja
살사 데 쏘하

소금
sal 쌀

설탕
azúcar
아쑤까르

버터
mantequilla
만떼끼야

마가린
margarina
마르가리나

커피
café
까뻬

(커피용)크림
crema
끄레마

차
té 떼

주스
zumo
쑤모

우유
leche
레체

콜라
coca
꼬까

뜨거운 초콜릿
chocolate caliente
초꼴라떼 깔리엔떼

화제 표현

대개 외국 사람과 만났을 때의 화제는 목적이 관광이냐, 비즈니스냐, 유학이냐에 따라 달라지겠지만 일이나 학업보다는 개인의 취향이나 신상에 관한 정보가 먼저 떠오르게 된다. 특히 국적이나 출신지, 나이, 생년월일, 종교, 취미 등도 궁금할 것이다.

　　서양인들은 자신만의 사생활을 중시하는 경향이 있다. 따라서 친한 사이가 아니라면 상대의 약점이나 개인의 성격을 묻는 것을 삼가야만 한다. 처음부터 가족관계나 그 사람의 사적 부분에 대하여 묻는 것은 결례가 될 수 있으므로 꼭 물어야 할 사항이 있다면 먼저 양해를 구하는 듯한 어감을 풍기는 것이 중요하다.

Día 224 출신지에 대해 물을 때

　　출신지를 물을 때 상대가 tú면 ¿De dónde eres tú?라고 하는데, 이 경우 tú를 생략하여 ¿De dónde eres?라고만 하는 것이 더 일반적이다. 그 이유는 동사를 보면 주어를 알기 때문이다.

▶ 고향은 어디세요?

¿De dónde es usted?

데 돈데 에스 우스뗃

▶ 서울입니다.

Soy de Seúl.

쏘이 데 세울

▶ 어디에서 자라셨습니까?

¿Dónde creció usted?

돈데 끄레시오 우스뗃

▶ 서울에서 자랐어요.

Crecí en Seúl.

끄레시 엔 세울

Voca　Seúl 서울 crecer 자라다

나이에 대해 물을 때

"나는 20살이야."라고 말할 때 스페인어에서는 Tengo 20 años. "나는 20살을 가지고 있어."라고 말한다. 스페인어에서는 tener라는 동사를 나이를 언급할 때 사용하니 헷갈리지 않도록 주의하자.

▶ 몇 살이세요?

¿Cuántos años tiene usted?

꾸안또스 아뇨스 띠에네 우스뗃

▶ 당신의 나이를 알려 주시겠습니까?

¿Podría decirme su edad?

뽀드리아 데씨르메 수 에닫

▶ 나이가 어떻게 되십니까?

¿Cuántos años tiene?

꾸안또스 아뇨스 띠에네

▶ 나이를 여쭤 봐도 될까요?

¿Le puedo preguntar cuántos años tiene?

레 뿌에도 쁘레군따르 꾸안또스 아뇨스 띠에네

▶ 그가 몇 살인지 물어봐도 될까요?

¿Puedo preguntar cuántos años tiene él?

뿌에도 쁘레군따르 꾸안또스 아뇨스 띠에네 엘

Voca   edad 나이 preguntar 질문하다

cumpleaños는 생일이라는 단어이다. 복수처럼 보이지만 단수로 취급하면 된다. 내 생일이라고 말하고 싶으면 복수 소유사인 mis가 아닌 단수 소유사인 mi를 활용하면 된다. mi cumpleaños. "내 생일."

▶ 언제 태어났습니까?

¿Cuándo nació usted?

꾸안도 나씨오 우스뗄

▶ 생일이 언제입니까?

¿Cuándo es su cumpleaños?

꾸안도 에스 수 꿈쁠레아뇨스

▶ 당신의 별자리가 뭐죠?

¿Cuál es su signo del zodiaco?

꾸알 에스 수 시그노 데 소디아꼬

▶ 며칠에 태어났어요?

¿Qué día nació usted?

께 디아 나씨오 우스뗄

▶ 몇 년도에 태어나셨어요?

¿En qué año nació usted?

엔 께 아뇨 나씨오 우스뗄

Voca nacer 태어나다 signo del zodiaco 별자리

종교에 관하여 대화를 나눌 때

"G"는 스페인어에서 "헤[ge]"라고 읽는데 뒤에 오는 모음에 따라 발음이 다르다. 자음이나 모음 a, o, u앞에서는 [ㄱ]으로 발음한다. gato [가또] "고양이"/gracias [그라시아스] "고마워"/amigo [아미고] "친구"/agua [아구아] "물". 반면, e, i앞에서는 [ㅎ]로 발음한다. girasol [히라솔] "해바라기"/gente [헨떼] "사람들"

▶ 무슨 종교를 믿습니까?

¿Qué religión profesa usted?

께 렐리히온 쁘로뻬사 우스뗄

▶ 종교가 없습니다.

No tengo ninguna religión.

노 뗑고 닝구나 렐리히온

▶ 저는 기독교 신자입니다.

Soy cristiano.

쏘이 끄리스띠아노

▶ 저는 천주교를 믿습니다.

Soy católico.

쏘이 까똘리꼬

▶ 저는 불교 신자입니다.

Soy budista.

쏘이 부디스따

Voca profesar (종교를) 믿다 religión 종교

스페인에서는 가족이 아주 중요하고 매우 끈끈한 편이다. 일요일이나 명절에 가족들이 자주 모여서 함께 시간을 보낸다. 여러 세대가 가까운 곳에 살거나 한집에 모여 사는 경우도 많다. 할아버지, 할머니가 손주 돌봄과 교육에 중요한 역할을 하며, 가족은 정서적·사회적으로 서로를 지지하는 가장 큰 버팀목이라고 할 수 있다.

Día 228 · 가족에 관하여 표현할 때

요즘 많은 부분을 차지하는 가족의 형태인 핵가족은 familia nuclear 라고 한다.

▶ 가족은 몇 분이나 됩니까?

¿Cuántas personas hay en su familia?

꾸안따스 뻬르소나스 아이 엔 수 빠밀리아

▶ 우리 가족은 네 명이에요.

En mi familia somos cuatro.

엔 미 빠밀리아 소모스 꾸아뜨로

▶ 우리 가족은 어머니, 아버지, 여동생 그리고 저까지 네 명이에요.

En mi familia somos cuatro: mi madre, mi padre, mi hermana menor y yo.

엔 미 빠밀리아 소모스 꾸아뜨로: 미 마드레 미 빠드레 미 에르마나 메노르 이 요

▶ 우리 가족은 자녀가 세 명 있는데 저와 두 남동생이 있어요.

En mi familia hay tres hijos: mis dos hermanos menores y yo.

엔 미 빠밀리아 아이 뜨레스 이호스: 미스 도스 에르마노스 메노레스 이 요

Voca familia 가족 hermano 형제 hijo 자녀

형제자매에 대하여 표현할 때

único는 "유일한"이라는 의미를 지닌 단어로, 외동아들과 외동딸을 말할 때 사용된다. hijo único "외동아들"/hija única "외동딸"

▶ 형제가 몇 분이세요?

¿Cuántos hermanos tiene usted?

꾸안또스 에르마노스 띠에네 우스뗃

▶ 형이 두 명, 여동생이 한 명입니다.

Tengo dos hermanos mayores y una hermana menor.

뗑고 도스 에르마노스 마요레스 이 우나 에르마나 메노르

▶ 아뇨, 없습니다. 외동아들/외동딸입니다.

No, no tengo hermanos. Soy hijo único/soy hija única.

노 노 뗑고 에르마노스 쏘이 이호 우니꼬/쏘이 이하 우니까

▶ 동생은 몇 살입니까?

¿Cuántos años tiene su hermano menor?

꾸안또스 아뇨스 띠에네 수 에르마노 메노르

▶ 우리 형제는 한 살 차이밖에 안 나.

Mi hermano y yo solo nos llevamos un año.

미 에르마노 이 요 쏠로 노스 예바모스 운 아뇨

Voca hijo único/hija única 외동아들/외동딸

스페인어로 친척 호칭은 다음과 같다. 삼촌 tío, 이모, 고모 tía, 남자사촌 primo, 여자사촌 prima, 남자조카 sobrino, 여자조카 sobrina, 시아버지, 장인 suegro, 시어머니, 장모 suegra, 며느리 nuera, 사위 yerno

▶ 스페인에 친척 분은 계십니까?

¿Tiene usted algún pariente en España?

띠에네 우스뗃 알군 빠리엔떼 엔 에스빠냐

▶ 나는 스페인에 친척이 하나도 없습니다.

No tengo ningún pariente en España.

노 뗑고 닝군 빠리엔떼 엔 에스빠냐

▶ 두 분은 친척 되십니까?

¿Ustedes son parientes?

우스떼데스 손 빠리엔떼스

▶ 우리는 친척관계가 아닙니다.

No somos parientes.

노 소모스 빠리엔떼스

▶ 추석에 몇 명의 친척들이 오셨습니다.

Varios parientes vinieron en Chuseok.

바리오스 빠리엔떼스 비니에론 엔 추석

Voca pariente 친척

스페인어에서 H[아체]는 묵음이다. 따라서 "아들"이라는 단어의 hijo도 [이호]라고 발음된다. 이외에도 hombre[옴브레] "남자"/hola[올라] "안녕" 등의 단어들에 H가 있다.

▶ 아이들은 몇 명이나 됩니까?

¿Cuántos hijos tiene usted?

꾸안또스 이호스 띠에에네 우스뗻

▶ 아이는 언제 가질 예정입니까?

¿Cuándo planea tener hijos?

꾸안도 쁠라네아 떼네르 이호스

▶ 아이들이 있습니까?

¿Tiene hijos?

띠에에네 이호스

▶ 다음 달에 첫돌이 되는 아들이 하나 있습니다.

Tengo un hijo que cumplirá su primer año el próximo mes.

뗑고 운 이호 께 꿈쁠리라 수 쁘리메르 아뇨 엘 쁘록시모 메스

▶ 자녀가 있습니까?

¿Tiene hijos?

띠에에네 이호스

Voca cumplir años 생일을 맞다 mes 달, 월

주소지를 묻는 표현은 다양하다. ¿Cuál es su dirección? "주소가 어떻게 되십니까?"/¿Dónde vive usted? "어디 사세요?" 등이 활용될 수 있다.

Día 232 — 거주지에 대해서

"~에서 산다"라고 말할 때는 vivir en~ 구조를 활용한다.

▶ 어디에서 사세요?

¿Dónde vive?

돈데 비베

▶ 서울 교외에서 살고 있어요.

Vivo en las afueras de Seúl.

비보 엔 라스 아뿌에라스 데 세울

▶ 여기서 먼 곳에 살고 계세요?

¿Vive lejos de aquí?

비베 레호스 데 아끼

▶ 어디에 살고 계세요?

¿Dónde está viviendo?

돈데 에스따 비비엔도

Voca vivir 살다 lejos de ~에서 먼

주소에 대해서

스페인어에서 él, ella "그", "그녀"같은 인칭대명사는 사람뿐만 아니라 사물을 가리키기도 한다. ¿Dónde está la casa? "집은 어디에 있나요?" Ella está al final de la calle. "집은 길 끝에 있어요." 여기서 ella는 la casa를 지칭한다. 이때 주의할 점은 남성명사는 él, 여성명사는 ella로 받아야 한다는 것이다.

▶ 본적지가 어디세요?

¿Cuál es su lugar de nacimiento?

꾸알 에스 수 루가르 데 나씨미엔또

▶ 주소가 어떻게 됩니까?

¿Cuál es su dirección?

꾸알 에스 수 디렉시온

▶ 주소를 알 수 있을까요?

¿Podría decirme su dirección?

뽀드리아 데씨르메 수 디렉시온

▶ 여기 제 명함이 있습니다. 주소가 적혀 있어요.

Aquí tiene mi tarjeta de presentación. La dirección está escrita en ella.

아끼 띠에네 미 따르헤따 데 쁘레센따시온 라 디렉시온 에스따 에스끄리따 엔 에야

▶ 현 주소와 우편번호를 알려 주시겠어요?

¿Podría decirme su dirección actual y el código postal?

뽀드리아 데씨르메 수 디렉시온 악뚜알 이 엘 꼬디고 뽀스딸

Voca dirección 주소 tarjeta de presentación 명함 código postal 우편번호

nacer는 "태어나다"라는 동사이고 "출생"이라는 명사는 nacimiento이다.

▶ 어디에서 태어나셨나요?

¿Dónde nació?

돈데 나씨오

▶ 생일이 언제입니까?

¿Cuándo es su cumpleaños?

꾸안도 에스 수 꿈쁠레아뇨스

▶ 거기서 얼마나 살았습니까?

¿Cuánto tiempo vivió allí?

꾸안또 띠엠뽀 비비오 아이

▶ 이 양은 언제 출생했죠?

¿Cuándo nació la señorita Lee?

꾸안도 나씨오 라 쎄뇨리따 리

▶ 이 양은 어디서 자랐죠?

¿Dónde creció la señorita Lee?

돈데 끄레시오 라 쎄뇨리따 리

Voca nacer 태어나다 crecer 자라다

piso는 아파트, 층, 바닥이라는 뜻을 지닌다. Vivo en un piso en Madrid. "저는 마드리드에 있는 아파트에서 살아요."/Mi oficina está en el segundo piso. "제 사무실은 2층에 있습니다."/El piso está sucio. "바닥이 더럽습니다."

▶ 아파트에 사세요, 단독에 사세요?

¿Vive en un piso o en una casa unifamiliar?

비베 엔 운 삐소 오 엔 우나 까사 우니빠밀리아르

▶ 조그마한 아파트에 살아요.

Vivo en un piso pequeño.

비보 엔 운 삐소 뻬께뇨

▶ 그게 당신 소유의 집입니까? 세 낸 건가요?

¿Es una casa de su propiedad o está alquilada?

에스 우나 까사 데 수 쁘로삐에닫 오 에스따 알낄라다

▶ 저는 하숙하고 있어요.

Estoy alojado en una pensión.

에스또이 알로하도 엔 우나 뻰시온

▶ 새 아파트는 나에게 딱 맞아.

El nuevo piso me viene de maravilla.

엘 누에보 삐소 메 비에네 데 마라비야

Voca piso 아파트 casa unifamiliar 단독주택

스페인은 우리나라보다 비교적 스킨십이 자유롭다. 이는 친구 간도 마찬가지이고, 가족 및 연인 간에도 해당이 된다. 한편, salir "나가다" 동사는 사귈 때 사용된다. salir con~ "~와 데이트하다"라는 의미로 사용이 되며, 고백을 할 때에도 ¿Quieres salir conmigo?라고 할 수도 있다.

Día 236 친구에 대해서

친구를 의미하는 말은 amigo다. 이때 친구가 여성이면 amiga라고 한다.

▶ 화이트 씨, 박 씨를 소개하고 싶군요.

Señor White, me gustaría presentarle al señor Park.

쎄뇨르 화이트 메 구스따리아 쁘레센따를레 알 쎄뇨르 박

▶ 김 여사를 당신에게 소개해도 되겠습니까?

¿Puedo presentarle a la señora Kim?

뿌에도 쁘레센따를레 아 라 쎄뇨라 김

▶ 우리는 오래전부터 친구랍니다.

Somos amigos desde hace mucho tiempo.

소모스 아미고스 데스데 아쎄 무초 띠엠뽀

▶ 우리는 죽마고우입니다.

Somos amigos de la infancia.

소모스 아미고스 데 라 인빤시아

Voca presentar 소개하다 desde hace mucho tiempo 오래전부터

이성과의 교제에 대해서

남자친구, 여자친구에 해당하는 말은 novio, novia이다. 이 외에도 남편, 아내를 가리키는 esposo, esposa라는 단어도 있다.

▶ 사귀는 사람 있나요?

¿Tiene pareja?

띠에네 빠레하

▶ 여자 친구 있으세요?

¿Tiene novia?

띠에네 노비아

▶ 누구 생각해 둔 사람이 있나요?

¿Tiene a alguien en mente?

띠에네 아 알기엔 엔 멘떼

▶ 어떤 타입의 여자가 좋습니까?

¿Qué tipo de mujer le gusta?

께 띠뽀 데 무헤르 레 구스따

▶ 성실한 사람이 좋습니다.

Me gustan las personas sinceras.

메 구스딴 라스 뻬르소나스 씬세라스

Voca pareja 연인 novia 여자친구

남녀 사이에 데이트를 신청할 경우에는 매너가 상당히 중요한데 일반적으로는 남자가 먼저 요청을 한다든지, 아니면 남자가 여성의 집으로 데리러 간다든지, 처음에는 데이트 비용을 남자가 부담한다든지, 데이트 후에는 여성을 바래다준다든지 하는 매너가 있다. 특히 장소나 시간과 관련된 약속을 정하였을 때 시간에 늦지 않게 도착하는 것은 무엇보다 중시되는 부분이므로 유의해야 한다.

Día 238 · 데이트를 신청할 때

대표적인 데이트 신청 표현은 ¿Quieres salir conmigo?이다.

▶ 데이트를 청해도 될까요?

¿Puedo invitarle a una cita?

뿌에도 인비따를레 아 우나 씨따

▶ 이번 금요일에 데이트할까요?

¿Vamos a salir este viernes?

바모스 아 살리르 에스떼 비에르네스

▶ 저와 데이트해 주시겠어요?

¿Querría salir conmigo?

께리아 살리르 꼰미고

▶ 저와 함께 저녁식사를 하시겠어요?

¿Le gustaría cenar conmigo?

레 구스따리아 쎄나르 꼰미고

Voca invitar 초대하다 salir con~ ~와 데이트하다

데이트를 즐길 때

데이트를 마치면서 보통 말하는 "오늘 즐거웠어요"는 Me lo he pasado muy bien hoy라고 한다. 애프터 신청을 하고 싶다면 ¿Quedamos otro día? "다른 날도 볼까?"/Me encantaría volver a verte. "널 다시 보고 싶어."라는 표현을 사용하면 된다.

▶ 왜 이렇게 가슴이 두근거리지?

¿Por qué me late tan rápido el corazón?

뽀르 께 메 라떼 딴 라삐도 엘 꼬라손

▶ 당신과 함께 있어서 기뻐요.

Me alegra estar con usted.

메 알레그라 에스따르 꼰 우스뗄

▶ 다음에는 뭘 하죠?

¿Qué hacemos ahora?

께 아쎄모스 아오라

▶ 집까지 바래다줄게요.

Le acompañaré hasta su casa.

레 아꼼빠냐레 아스따 수 까사

▶ 집에 태워다 줄까요?

¿Quiere que le lleve a su casa?

끼에레 께 레 예베 아 수 까사

Voca　latir 뛰다　corazón 심장

애정을 표현할 때

"첫눈에 반하다"는 enamorarse a primera vista라고 한다. Me enamoré de usted a primera vista. "당신에게 첫눈에 반했어요."

▶ 당신은 나에게 무척 소중해요.

Usted es muy especial para mí.

우스뗄 에스 무이 에스뻬시알 빠라 미

▶ 당신은 우아하고 아름다워요.

Usted es elegante y hermosa.

우스뗄 에스 엘레간떼 이 에르모사

▶ 당신은 정말 멋있어요.

Usted es muy guapo.

우스뗄 에스 무이 구아뽀

▶ 당신이 최고예요!

¡Usted es lo mejor!

우스뗄 에스 로 메호르

▶ 그녀가 정말 보고 싶어요.

La echo mucho de menos.

라 에초 무초 데 메노스

Voca   especial 소중한   elegante 우아한

사랑한다고 표현하는 다양한 방법이 있다. Te amo. "널 사랑해."/Te quiero. "널 좋아해."/Me encantas. "너를 정말 좋아해."/Eres muy importante para mí. "넌 내게 아주 소중해." 등 여러가지 방법들을 익혀보자.

▶ 당신에게 아주 반했습니다.

Me he enamorado perdidamente de usted.

메 에 에나모라도 뻬르디다멘떼 데 우스뗃

▶ 당신과 사귀고 싶습니다.

Quiero salir con usted.

끼에로 살리르 꼰 우스뗃

▶ 당신의 애인이 되고 싶습니다.

Quiero ser su novio/novia.

끼에로 쎄르 수 노비오/노비아

▶ 당신의 모든 걸 사랑합니다.

Amo todo de usted.

아모 또도 데 우스뗃

▶ 당신을 누구보다 사랑합니다.

Le amo más que a nadie.

레 아모 마스 께 아 나디에

Voca enamorarse de~ ~에게 사랑에 빠지다

애인과 헤어질 때

"애인과 헤어지다"를 의미하는 일반적인 말은 romper다. romper는 "부수다"라는 의미를 지닌 동사이어서 우리말로 "~와 깨졌어"라는 표현을 연상하면 될 것이다. Tenemos que romper. "우리 헤어지자."

▶ 이제 네가 싫증이 나.

Ya me he cansado de ti.

야 메 에 깐사도 데 띠

▶ 네가 미워!

Te odio!

떼 오디오

▶ 깨끗하게 헤어지자.

Terminemos de una vez por todas.

떼르미네모스 데 우나 베스 뽀르 또다스

▶ 너와 끝이야.

Se acabó lo nuestro.

쎄 아까보 로 누에스뜨로

▶ 이것으로 끝이야.

Esto se termina aquí.

에스또 쎄 떼르미나 아끼

Voca cansarse 싫증을 느끼다 terminar 끝내다

결혼 관련 표현을 살펴보면 Estoy casado. "전 기혼이에요."/Estoy divorciado. "전 이혼했어요."/Estoy soltero. "전 미혼입니다."/Soy soltero por elección. "전 독신주의자예요."/Estoy embarazada. "전 임신했어요." 등이 활용된다.

Día 243 · 청혼에 대해서

casar는 "결혼시키다"라는 의미로 재귀의 se가 붙은 casarse는 "결혼하다"의 의미가 된다. 전치사 con을 붙여주면 "~와 결혼하다"라는 의미가 된다. Quiero casarme con ella. "나는 그녀와 결혼하고 싶다."

▶ 저와 결혼해 주시겠습니까?

¿Te casarías conmigo?

떼 까사리아스 꼰미고

▶ 우리 결혼할까요?

¿Nos casamos?

노스 까사모스

▶ 당신과 결혼하고 싶습니다.

Quiero casarme con usted.

끼에로 까사르메 꼰 우스뗃

▶ 내 아내가 되어 줄래요?

¿Quieres ser mi esposa?

끼에레스 쎄르 미 에스뽀사

Voca casarse 결혼하다 esposo/a 남편/아내

약혼에 대해서

"약혼하다"는 comprometerse라고 하고 약혼자는 남성의 경우 prometido, 여성의 경우 prometida, 약혼은 compromiso라고 한다.

▶ 우리는 이번 달에 약혼했습니다.

Nos comprometimos este mes.

노스 꼼쁘로메띠모스 에스떼 메스

▶ 그녀는 래리와 약혼한 사이예요.

Ella está comprometida con Larry.

에야 에스따 꼼쁘로메띠다 꼰 라리

▶ 나는 그 남자와 약혼을 했어요.

Estoy comprometida con ese hombre.

에스또이 꼼쁘로메띠다 꼰 에세 옴브레

▶ 저 여자 임자가 있니?

¿Esa chica tiene novio?

에사 치까 띠에네 노비오

▶ 그래, 그녀는 이미 약혼을 했어.

Sí, ya está comprometida.

씨 야 에스따 꼼쁘로메띠다

Voca comprometerse 약혼하다

결혼을 하면 신혼여행을 떠난다. 신혼여행은 스페인어로 luna de miel 이라고 한다. 한편, 스페인 사람들이 가장 많이 찾는 신혼여행지는 1위 미국, 2위 멕시코, 3위 태국이라는 조사가 있다.

▶ 결혼하셨습니까?

¿Está casado?

에스따 까사도

▶ 언제 결혼할 예정입니까?

¿Cuándo piensa casarse?

꾸안도 삐엔사 까사르세

▶ 언제 결혼을 하셨습니까?

¿Cuándo se casó?

꾸안도 쎄 까소

▶ 결혼한 지 얼마나 됐습니까?

¿Cuánto tiempo lleva casado?

꾸안또 띠엠뽀 예바 까사도

▶ 신혼부부이시군요.

Son recién casados.

쏜 레씨엔 까사도스

Voca casarse 결혼하다 recién casados 신혼부부

결혼식에 대해서

결혼식에 참석해서는 ¡Felicidades por su boda! "결혼 축하해요!"/Les deseo toda la felicidad del mundo. "이 세상의 모든 행복을 기원해요."/Que siempre se apoyen y crezcan juntos. "항상 함께 응원하고 성장하길 바라요."라는 표현들을 쓸 수 있다.

▶ 그들은 결혼식 날짜를 정했니?

¿Ya han fijado la fecha de la boda?

야 안 삐하도 라 뻬차 데 라 보다

▶ 박 씨의 결혼 날짜가 언제지요?

¿Cuándo se casa el señor Park?

꾸안도 쎄 까사 엘 쎄뇨르 박

▶ 그들은 수백 장의 청첩장을 보냈어.

Ellos enviaron cientos de invitaciones de boda.

에요스 엔비아론 씨엔또스 데 인비따씨오네스 데 보다

▶ 우리는 결혼식에 모든 친척들을 초대했어.

Invitamos a todos nuestros parientes a la boda.

인비따모스 아 또도스 누에스뜨로스 빠리엔떼스 아 라 보다

▶ 행복한 결혼생활을 하시길 바랍니다.

Les deseo una vida matrimonial muy feliz.

레스 데세오 우나 비다 마뜨리모니알 무이 뻴리스

Voca boda 결혼식 vida matrimonial 결혼생활

임신과 출산에 대해서

"임신하다"는 estar embarazada, quedar embarazada라고 말하고 개월을 붙이려면 뒤에 de+개월수를 말하면 된다.

▶ 그녀는 임신 중이야.

Ella está embarazada.

에야 에스따 엠바라사다

▶ 그녀가 벌써 임신했어?

¿Ella ya está embarazada?

에야 야 에스따 엠바라사다

▶ 그녀는 제 아이를 임신했어요.

Ella está embarazada de mi hijo.

에야 에스따 엠바라사다 데 미 이호

▶ 그녀는 임신 6개월입니다.

Ella está de seis meses.

에야 에스따 데 세이스 메세스

▶ 출산 예정일이 언제입니까?

¿Cuándo es la fecha prevista del parto?

꾸안도 에스 라 뻬차 브레비스따 델 빠르또

Voca embarazada 임신한 fecha 날짜

스페인어에서 be 동사에 해당하는 동사는 ser와 estar가 있다. ser는 본질이나 특성을 일컫고, estar는 상태, 위치 등을 말할 때 쓰인다. 따라서 이혼한 상태를 나타낼 때는 estar divorciado라고 하는 게 더 맞을 수 있으나, 많은 스페인어권 사람들이 ser divorciado라는 표현도 사용한다.

▶ 별거 중입니다.

Estamos separados.

에스따모스 쎄빠라도스

▶ 우리 부모님은 별거 중이야.

Mis padres están separados.

미스 빠드레스 에스딴 쎄빠라도스

▶ 우리 부모님은 이혼하셨어.

Mis padres están divorciados.

미스 빠드레스 에스딴 디보르씨아도스

▶ 이혼합시다.

Divorciémonos.

디보르씨에모노스

▶ 우리 관계는 어디서 잘못됐죠?

¿Dónde falló nuestra relación?

돈데 빠요 누에스뜨라 렐라시온

Voca separado 별거 중인 divorciarse 이혼하다

직업을 묻는 질문으로는 ¿A qué se dedica?/¿Cuál es su profesión?/¿Dónde trabaja? 등과 같은 표현이 사용된다. 그 밖에 ¿Dónde está su empresa? "회사는 어디에 있나요?"/Estoy buscando trabajo. "구직 중입니다." 등과 같은 표현도 알아두자.

Día 249 · 직업을 물을 때

직업을 의미하는 profesión, empleo, trabajo, oficio, ocupación 등이 있다.

▶ 직업이 무엇입니까?

¿Cuál es su profesión?

꾸알 에스 수 쁘로뻬시온

▶ 어떤 업종에 종사하십니까?

¿En qué sector trabaja?

엔 께 쎅또르 뜨라바하

▶ 어떤 일을 하고 계십니까?

¿A qué se dedica?

아 께 쎄 데디까

▶ 어떤 일에 종사하고 계십니까?

¿En qué trabaja?

엔 께 뜨라바하

Voca profesión 직업 sector 분야

직업을 말할 때

-ista는 사람과 직업을 나타내는 어미다. 대표적으로 futbolista "축구선수"/taxista "택시기사"/pianista "피아니스트" 등이 있다.

▶ 출판업에 종사하고 있습니다.

Trabajo en el sector editorial.

뜨라바호 엔 엘 쎅또르 에디또리알

▶ 컴퓨터 분석가입니다.

Soy analista de sistemas.

쏘이 아날리스따 데 씨스떼마스

▶ 지금은 일을 하지 않습니다.

Actualmente no trabajo.

악뚜알멘떼 노 뜨라바호

▶ 저는 자영업자입니다.

Soy autónomo.

쏘이 아우또노모

▶ 저는 봉급생활자입니다.

Soy asalariado.

쏘이 아쌀라리아도

Voca trabajar 일하다 sector editorial 출판업계

"사업"은 negocio다. "사업가"는 empresario라고 한다.

▶ 당신의 직업에 만족하세요?

¿Está satisfecho con su trabajo?

에스따 사띠스뻬초 꼰 수 뜨라바호

▶ 사업이 어떻습니까?

¿Cómo va su negocio?

꼬모 바 수 네고시오

▶ 컴퓨터 업계는 어떻습니까?

¿Cómo va el sector informático?

꼬모 바 엘 쎅또르 인뽀르마띠꼬

▶ 사업은 잘되어 갑니까?

¿Le va bien en su negocio?

레 바 비엔 엔 수 네고시오

▶ 새로 시작한 사업은 어떠세요?

¿Cómo le va con su nuevo negocio?

꼬모 레 바 꼰 수 누에보 네고시오

Voca negocio 사업

"적자"는 déficit이라 하고, "흑자"는 superávit이라고 한다. 그리고 "손실"은 pérdida, "이익"은 ganancia라고 한다.

▶ 그리 나쁘지는 않습니다.

No me va tan mal.

노 메 바 딴 말

▶ 그렇게 좋지는 않습니다.

No me va tan bien.

노 메 바 딴 비엔

▶ 사업이 잘됩니다.

El negocio va bien.

엘 네고시오 바 비엔

▶ 사업이 잘 안됩니다.

El negocio no va bien.

엘 네고시오 노 바 비엔

▶ 최근에 적자를 보고 있습니다.

Últimamente estamos teniendo pérdidas.

울띠마멘떼 에스따모스 떼니엔도 뻬르디다스

Voca últimamente 최근에 pérdida 손실

취미를 묻는 표현에는 ¿Cuáles son sus aficiones? "취미가 무엇입니까?"/¿Qué le gusta hacer en su tiempo libre? "여가 시간에 무엇을 하시는 걸 좋아하시나요?"/¿Tiene algún pasatiempo? "취미가 있나요?"/¿Practica algún deporte o actividad? "어떤 운동이나 활동을 하시나요?" 등이 있다.

Día 253 · 취미에 대해서

me gusta~/mi pasatiempo es~라는 말로 "~을 좋아한다", "취미는 ~이다"라는 표현을 할 수 있다.

▶ 취미가 뭡니까?

¿Cuál es su pasatiempo?

꾸알 에스 수 빠사띠엠뽀

▶ 무엇에 흥미가 있으세요?

¿En qué tiene interés?

엔 께 띠에네 인떼레스

▶ 특별한 취미가 있습니까?

¿Tiene algún pasatiempo especial?

띠에네 알군 빠사띠엠뽀 에스뻬시알

▶ 제 취미는 음악 감상입니다.

Mi pasatiempo es escuchar música.

미 빠사띠엠뽀 에스 에스꾸차르 무시까

Voca pasatiempo 취미, 여가활동 escuchar 듣다

여가 활동에 대해서

soler+동사 원형은 "~하곤 한다"라는 의미이다. soler는 불규칙하게 변하니 주의하자. (suelo, sueles, suele, solemos, soléis, suelen)

▶ 여가 시간에는 어떤 일을 하는 걸 좋아해요?

¿Qué le gusta hacer en su tiempo libre?

께 레 구스따 아쎄르 엔 수 띠엠뽀 리브레

▶ 여가를 어떻게 보내십니까?

¿Cómo pasa su tiempo libre?

꼬모 빠사 수 띠엠뽀 리브레

▶ 주말에는 주로 무엇을 합니까?

¿Qué suele hacer los fines de semana?

께 수엘레 아쎄르 로스 삐네스 데 쎄마나

▶ 여가시간에 무얼 하십니까?

¿Qué hace en su tiempo libre?

께 아쎄 엔 수 띠엠뽀 리브레

▶ 여가 시간에는 어떤 일을 하는 걸 좋아해요?

¿Qué le gusta hacer en su tiempo libre?

께 레 구스따 아쎄르 엔 수 띠엠뽀 리브레

Voca tiempo libre 여가시간 fin de semana 주말

"여행하다"는 viajar이고 "여행"은 viaje이다.

▶ 나는 여행을 좋아합니다.

Me gusta viajar.

메 구스따 비아하르

▶ 여행은 즐거우셨나요?

¿Disfrutó el viaje?

디스쁘루또 엘 비아헤

▶ 어디로 휴가를 가셨어요?

¿Adónde fue de vacaciones?

아돈데 뿌에 데 바까시오네스

▶ 해외여행을 가신 적이 있습니까?

¿Ha viajado alguna vez al extranjero?

아 비아하도 알구나 베스 알 엑스뜨랑헤로

▶ 당신은 오랫동안 여행해 본 적이 있습니까?

¿Ha hecho algún viaje largo alguna vez?

아 에초 알군 비아헤 라르고 알구나 베스

Voca viajar 여행하다 extranjero 외국, 외국의

deporte "스포츠"/arte "예술"/cultura "문화"/música "음악"/pintura "그림"/película "영화" 등 다양한 오락 및 문화 등에 대한 단어를 잘 알아두자.

Día 256 — 오락에 대해서

juego는 "놀이", "오락"이라는 의미로 videojuego는 "비디오 게임"을 가리킨다.

▶ 오락실 가는 것을 좋아합니다.

Me gusta ir a las salas recreativas.

메 구스따 이르 아 라스 쌀라스 레끄레아띠바스

▶ 이 호텔에는 카지노가 있습니까?

¿Hay un casino en este hotel?

아이 운 까시노 엔 에스떼 오뗄

▶ 쉬운 게임은 있습니까?

¿Hay juegos fáciles?

아이 후에고스 빠실레스

▶ 좋은 카지노를 소개해 주시겠어요?

¿Podría recomendarme un buen casino?

뽀드리아 레꼬멘다르메 운 부엔 까시노

Voca sala recreativa 오락실 juego 게임

유흥에 대해서

클럽은 나라마다 쓰는 단어가 다르다. 스페인 discoteca/멕시코 antro/
아르헨티나 boliche가 대표적이다.

▶ 좋은 나이트클럽은 있나요?

¿Hay alguna buena discoteca?

아이 알구나 부에나 디스꼬떼까

▶ 디너쇼를 보고 싶은데요.

Quiero ver un espectáculo con cena.

끼에로 베르 운 에스뻭따꿀로 꼰 쎄나

▶ 이건 무슨 쇼입니까?

¿Qué tipo de espectáculo es este?

께 띠뽀 데 에스뻭따꿀로 에스 에스떼

▶ 함께 춤추시겠어요?

¿Quiere bailar conmigo?

끼에레 바일라르 꼰미고

Voca discoteca 나이트클럽 espectáculo 쇼

책에 대해서

leer는 "읽다"라는 동사이다. 발음할 때 영어처럼 발음하지 않고 스페인 어답게 알파벳 그대로 발음한다. [레에르]

▶ 어떤 책을 즐겨 읽으십니까?

¿Qué tipo de libros lee?

께 띠뽀 데 리브로스 레에

▶ 저는 손에 잡히는 대로 다 읽습니다.

Leo cualquier cosa que caiga en mis manos.

레오 꾸알끼에르 꼬사 께 까이가 엔 미스 마노스

▶ 한 달에 책을 몇 권 정도 읽습니까?

¿Cuántos libros lee al mes?

꾸안또스 리브로스 레에 알 메스

▶ 책을 많이 읽으십니까?

¿Lee muchos libros?

레에 무초스 리브로스

▶ 이 책은 재미없어요.

Este libro no es interesante.

에스떼 리브로 노 에스 인떼레산떼

Voca libro 책 leer 읽다

신문과 잡지에 대해서

periódico는 "신문"을 뜻하는데 이와 관련된 단어들도 알아보자. peri-odista "기자"/periodismo "저널리즘"/noticia "뉴스" 등이 있다.

▶ 무슨 신문을 보십니까?

¿Qué periódico lee?

께 뻬리오디꼬 레에

▶ 오늘 신문을 보셨어요?

¿Ha leído el periódico de hoy?

아 레이도 엘 뻬리오디꼬 데 오이

▶ 신문 다 읽으셨습니까?

¿Ya ha terminado de leer el periódico?

야 아 떼르미나도 데 레에르 엘 뻬리오디꼬

▶ 어제 신문 읽어봤어요?

¿Leyó el periódico de ayer?

레요 엘 뻬리오디꼬 데 아예르

▶ 신문이 배달이 안 되었습니다.

El periódico no ha sido entregado.

엘 뻬리오디꼬 노 아 씨도 엔뜨레가도

Voca periódico 신문 entregar 배달하다, 전달하다

음악에 대해서

"음악"을 가리키는 단어는 música이다. "노래"는 canción이라고 한다.
이외에도 "가수"는 cantante, "노래하다"는 cantar이다.

▶ 어떤 음악을 좋아하세요?

¿Qué tipo de música le gusta?

께 띠뽀 데 무시까 레 구스따

▶ 어떤 종류의 음악을 들으세요?

¿Qué tipo de música escucha?

께 띠뽀 데 무시까 에스꾸차

▶ 취미는 음악 감상입니다.

Mi afición es escuchar música.

미 아삐씨온 에스 에스꾸차르 무시까

▶ 음악 듣는 것을 즐깁니다.

Disfruto escuchando música.

디스쁘루또 에스꾸찬도 무시까

▶ 음악을 매우 좋아합니다.

Me gusta mucho la música.

메 구스따 무초 라 무시까

Voca afición 취미 música 음악

그림에 대해서

"그림"을 나타내는 여러 단어가 있다. dibujo "스케치"/pintura "그림, 회화"/cuadro "그림, 액자에 낀 그림"/imagen "이미지"

▶ 저는 그림 그리기를 좋아합니다.

Me gusta pintar.

메 구스따 삔따르

▶ 저는 미술 작품 감상을 좋아합니다.

Me gusta disfrutar de las obras de arte.

메 구스따 디스뿌르따르 데 라스 오브라스 데 아르떼

▶ 그건 누구 작품이죠?

¿De quién es esa obra?

데 끼엔 에스 에사 오브라

▶ 미술관에 자주 갑니다.

Suelo ir al museo de arte.

수엘로 이르 알 무세오 데 아르떼

▶ 정말 아름다운 작품이군요!

¡Qué obra tan hermosa!

께 오브라 딴 에르모사

Voca pintar 그림을 그리다 obra 작품 museo 박물관

라디오에 대해서

radio는 남성명사로 쓰일 때와 여성명사로 쓰일 때 의미가 다르다. el radio "반지름"/la radio "라디오"

▶ 라디오 켜도 괜찮지?

¿Está bien si enciendo la radio?

에스따 비엔 씨 엔씨엔도 라 라디오

▶ 전 라디오가 없어요.

No tengo radio.

노 뗑고 라디오

▶ 그는 라디오를 갖고 있지 않나요?

¿No tiene él una radio?

노 띠에네 엘 우나 라디오

▶ 나는 라디오에 나왔습니다.

Yo aparecí en la radio.

요 아빠레씨 엔 라 라디오

▶ 그는 라디오에 자주 나오는 사람이야.

Él es una persona que aparece frecuentemente en la radio.

엘 에스 우나 뻬르소나 께 아빠레쎄 쁘레꾸엔떼멘떼 엔 라 라디오

텔레비전에 대해서

"자주"라는 표현인 con frecuencia는 frecuentemente라는 부사로 대체 가능하다.

▶ 텔레비전을 자주 보세요?

¿Suele ver la televisión con frecuencia?

수엘레 베르 라 뗄레비시온 꼰 쁘레꾸엔시아

▶ 어떤 텔레비전 프로그램을 좋아하십니까?

¿Qué programas de televisión le gusta ver?

께 쁘로그마라스 데 뗄레비시온 레 구스따 베르

▶ 그게 언제 방송되죠?

¿Cuándo se emite eso?

꾸안도 쎄 에미떼 에소

▶ 그것을 텔레비전으로 중계하나요?

¿Se transmite eso por televisión?

쎄 뜨란스미떼 에소 뽀르 뗄레비시온

▶ 지금 텔레비전에서 무엇을 하죠?

¿Qué se transmite en la televisión ahora?

께 쎄 뜨란스미떼 엔 라 뗄레비시온 아오라

Parte 6 화제 표현

Voca televisión 텔레비전 transmitir 방송하다

"배우"를 뜻하는 단어는 actor이다. "여배우"를 뜻할 때에는 actor에 단순히 a를 붙이는 형태가 아닌 actriz라는 새로운 형태의 단어가 쓰이니 잘 알아두자.

▶ 극장 이름은 뭡니까?

¿Cómo se llama el teatro?

꼬모 쎄 야마 엘 떼아뜨로

▶ 오늘 밤엔 무얼 합니까?

¿Qué va a hacer para esta noche?

께 바 아 아쎄르 빠라 에스따 노체

▶ 8시부터 뮤지컬을 공연합니다.

A partir de las 8, habrá un musical.

아 빠르띠르 데 라스 오초 아브라 운 무시깔

▶ 재미있습니까?

¿Es interesante?

에스 인떼레산떼

▶ 누가 출연합니까?

¿Quiénes son los actores que participan?

끼에네스 손 로스 악또레스 께 빨띠씨빤

Voca teatro 극장 actor 배우

영화에 대해서

스페인도 영화계의 여러 인재를 낳은 영화 강국이다. 대표적인 인물로는 Pedro Almodóvar (감독), Penélope Cruz (배우), Javier Bardem (배우) 등이 있다.

▶ 어떤 영화를 좋아하세요?

¿Qué tipo de películas le gusta?

께 띠뽀 데 뻴리꿀라스 레 구스따

▶ 저는 영화광입니다.

Soy un gran aficionado al cine.

쏘이 운 그란 아삐씨오나도 알 씨네

▶ 영화배우 중에서 누구를 가장 좋아하세요?

¿Quién es su actor favorito?

끼엔 에스 수 악또르 빠보리또

▶ 영화를 자주 보러 갑니까?

¿Va al cine con frecuencia?

바 알 씨네 꼰 쁘레꾸엔시아

▶ 그 영화의 주연은 누구입니까?

¿Quién es el protagonista de esa película?

끼엔 에스 엘 쁘로따고니스따 데 에사 뻴리꿀라

Voca película 영화 cine 영화관 protagonista 주인공

요리

식당에서 주문하기 전에 Menú, por favor라고 메뉴판을 요청할 수 있다. 식당 직원에게 메뉴를 추천받고 싶으면 ¿Me puede recomendar algún plato? "추천해 주실 만한 요리가 있나요?"/¿Cuál es el plato más popular aquí? "여기서 가장 인기 있는 메뉴가 뭔가요?"라고 표현하면 된다.

Día 266 · 요리에 대해서

요리 관련 다양한 표현들을 익혀두면 유용하다. plato "요리", "접시"/comida "음식", "식사"/cocina "요리", "부엌"/receta "조리법" 등이 있다.

▶ 나는 요리하는 것을 좋아해.

Me gusta cocinar.

메 구스따 꼬시나르

▶ 나는 요리를 잘해.

Soy buen cocinero.

쏘이 부엔 꼬시네로

▶ 나는 요리를 못해.

No sé cocinar.

노 쎄 꼬시나르

▶ 나는 모든 종류의 음식을 요리할 수 있어.

Puedo cocinar todo tipo de comida.

뿌에도 꼬시나르 또도 띠뽀 데 꼬미다

Voca cocinar 요리하다 saber+동사 원형 ~할 줄 안다

식욕과 취향에 대해서

exigente는 "까다로운"이라는 의미로 동사 exigir "요구하다"에서 비롯된 단어이다.

▶ 전 뭐든 잘 먹어요.

Yo como de todo.

요 꼬모 데 또도

▶ 전 먹는 걸 안 가려요.

No soy exigente con la comida.

노 쏘이 엑씨헨떼 꼰 라 꼬미다

▶ 전 식성이 까다로워요.

Soy muy delicado con la comida.

쏘이 무이 델리까도 꼰 라 꼬미다

▶ 저는 돼지고기를 못 먹어요.

No puedo comer carne de cerdo.

노 뿌에도 꼬메르 까르네 데 쎄르도

▶ 이걸 먹으면, 속이 좋지 않습니다.

Si como esto, no me siento bien.

씨 꼬모 에스또 노 메 씨엔또 비엔

Voca exigente 까다로운 carne 고기 cerdo 돼지

비교급의 가장 일반적인 형태는 más/menos~que이다. Mi hermano es más alto que yo. "우리 형은 나보다 크다."처럼 쓰인다. 이처럼 que 뒤에 비교대상이 오는데, 비교 대상으로 lo que가 나오는 경우 그 앞에 전치사 de를 사용한다. Ella es más exigente de lo que pensaba. "그녀는 내가 생각했던 것보다 더 까다롭다."

▶ 맛이 어떻습니까?

¿Cómo está el sabor?

꼬모 에스따 엘 싸보르

▶ 아주 맛있는데요.

Está muy delicioso.

에스따 무이 델리시오소

▶ 이 음식은 너무 맵군요.

Este plato está muy picante.

에스떼 쁠라도 에스따 무이 삐깐떼

▶ 군침이 도는군요.

Se me está haciendo la boca agua.

세 메 에스따 아씨엔도 라 보까 아구아

▶ 생각보다 맛있군요.

Está más rico de lo que pensaba.

에스따 마스 리꼬 델 로 께 뻰사바

Voca　sabor 맛　delicioso/rico 맛있는

요즘은 건강을 위하여 헬스, 필라테스, 크로스핏, 요가 등 다양한 체육활동이 열풍처럼 번지고 있다. 상대방에게 건강을 유지하거나 비결을 물어볼 때, ¿Cuál es su secreto para estar saludable? "건강을 유지하는 비결이 뭔가요?"/¿Qué hace para mantener su salud? "건강을 유지하기 위해 무엇을 하시나요?"라고 표현할 수 있다.

Día 269 건강에 대해서

salud은 "건강"을 뜻하는 단어인데, 이전에 살펴봤듯이 건배할 때도 쓴다.

▶ 나는 건강해.

Estoy sano.

에스또이 싸노

▶ 참 건강하시네요.

Está muy sano.

에스따 무이 싸노

▶ 건강 걱정이 많이 돼.

Me preocupa mucho mi salud.

메 쁘레오꾸빠 무초 미 살룻

▶ 건강이 예전 같지 않아.

Mi salud no es como antes.

미 살룻 노 에스 꼬모 안떼스

Voca sano 건강한 salud 건강

건강관리에 대해서

esforzarse는 "노력하다"라는 의미의 단어이다. 명사로는 esfuerzo라고 한다.

▶ 운동을 많이 하십니까?

¿Hace mucho ejercicio?

아쎄 무초 에헤르씨시오

▶ 건강 유지를 위해 무엇을 하세요?

¿Qué hace para mantener su salud?

께 아쎄 빠라 만떼네르 수 살룻

▶ 운동은 건강에 좋아.

El ejercicio es bueno para la salud.

엘 에헤르씨시오 에스 부에노 빠라 라 살룻

▶ 저는 건강을 유지하려고 노력하고 있습니다.

Estoy esforzándome por mantenerme sano.

에스또이 에스뽀르산도메 뽀르 만떼네르메 싸노

▶ 술을 줄이려고 마음먹었어.

He decidido reducir el alcohol.

에 데씨디도 레두씨르 엘 알꼬올

Voca ejercicio 운동 mantener 유지하다 esforzarse 노력하다

컨디션에 대해서

cara는 "얼굴"이라는 의미의 단어다. tener buena cara는 "얼굴이 좋아 보인다."라는 뜻이고 tener mala cara는 "안색이 안 좋다."라는 표현이다.

▶ 기분은 어때요?

¿Cómo se siente?

꼬모 쎄 씨엔떼

▶ 안색이 안 좋아 보이시네요.

Parece que no tiene buena cara.

빠레쎄 께 노 띠에네 부에나 까라

▶ 괜찮아요?

¿Está bien?

에스따 비엔

▶ 오늘 컨디션은 어떻습니까?

¿Cómo se siente hoy?

꼬모 쎄 씨엔떼 오이

▶ 컨디션은 좀 어때요?

¿Cómo está su estado físico?

꼬모 에스따 수 에스따도 삐시꼬

Voca sentir 느끼다 estado físico 몸 상태

다이어트에 대해서

"살을 빼다"라는 표현은 perder peso라고 한다. perder는 "잃다"라는 의미를 지니고 peso는 "무게", "체중"이라는 의미를 지니기에 위와 같은 표현이 생기는 것이다.

▶ 저는 다이어트 중입니다.

Estoy a dieta.

에스또이 아 디에따

▶ 다이어트를 할까 해요.

Estoy pensando en hacer una dieta.

에스또이 뺀산도 엔 아쎄르 우나 디에따

▶ 다이어트를 하기로 결심했어.

He decidido hacer dieta.

에 데씨디도 아쎄르 디에따

▶ 좀 더 엄격한 다이어트를 할 거야.

Voy a hacer una dieta más estricta.

보이 아 아쎄르 우나 디에따 마스 에스뜨릭따

▶ 다이어트 좀 해야겠어.

Creo que necesito hacer dieta.

끄레오 께 네쎄시또 아쎄르 디에따

Voca dieta 다이어트 estricto 엄격한

스포츠와 레저

¿Qué deporte le gusta?라고 하면 "어떤 스포츠를 좋아하시나요?"라는 질문이 된다. 이 때, 상대방이 직접하는지 아니면 보는지 물어보려면 다음과 같이 물어보면 된다. ¿Practicas ese deporte o prefieres verlo? "그 스포츠를 직접 하시나요 아니면 보는 걸 선호하시나요?"

Día 273

스포츠에 대해서

스페인은 축구, 농구, 테니스 등 여러 스포츠에서 강한 면모를 보이는 국가다. 특히, 스페인 사람들에게 축구 이야기를 한다면 그 대화는 성공적일 확률이 높다.

▶ 좋아하는 스포츠가 뭡니까?

¿Cuál es su deporte favorito?

꾸알 에스 수 데뽀르떼 빠보리또

▶ 운동하는 걸 좋아합니까?

¿Le gusta hacer ejercicio?

레 구스따 아쎄르 에헤르씨시오

▶ 무슨 스포츠를 잘하세요?

¿En qué deporte es bueno usted?

엔 께 데뽀르떼 에스 부에노 우스뗃

▶ 저는 스포츠 광입니다.

Soy un apasionado del deporte.

쏘이 운 아빠시오나도 델 데뽀르떼

Voca deporte 스포츠 apasionado 팬, 매우 좋아하는 사람

"이기다"라는 의미를 지닌 단어는 ganar이고 이와 반대되는 "지다"는 perder이다. El equipo ganó el parteido. "팀이 경기에서 이겼다."/El equipo perdió el parteido. "팀이 경기에서 졌다."

▶ 저는 스포츠를 잘하지는 못하지만, 보는 것은 좋아합니다.

No soy bueno practicando deportes, pero me gusta verlos.

노 쏘이 부에노 쁘락띠깐도 데뽀르떼스 뻬로 메 구스따 베를로스

▶ 경기장에서 직접 관람하는 것이 더 흥미진진한 것 같아요.

Creo que ver el parteido en el estadio es mucho más interesante.

끄레오 께 베르 엘 빠르띠도 엔 엘 에스따디오 에스 무초 마스 인떼레산떼

▶ 경기는 언제 열리는 겁니까?

¿Cuándo es el parteido?

꾸안도 에스 엘 빠르띠도

▶ 어느 팀이 이길 것 같습니까?

Qué equipo cree usted que ganará?

께 에끼뽀 끄레에 우스뗃 께 가나라

▶ 점수가 어떻게 됐어요?

¿Cómo va el marcador?

꼬모 바 엘 마르까도르

Voca parteido 경기 estadio 경기장, 스타디움

스포츠 중계를 볼 때

어느 팀을 응원하는지 궁금할 때에는 ¿A qué equipo apoya?/¿Qué equipo anima?라고 물어볼 수 있다.

▶ TV 경기 중계를 보러 집에 일찍 왔어.

He llegado temprano a casa para ver el partido por televisión.

에 예가도 뗌쁘라노 아 까사 빠라 베르 엘 빠르띠도 뽀르 뗄레비시온

▶ 나는 TV로 프로야구 경기를 보는 걸 좋아해.

Me gusta ver partidos de béisbol profesional por televisión.

메 구스따 베르 빠르띠도스 데 베이스볼 쁘로뻬시오날 뽀르 뗄레비시온

▶ 나는 TV로 야구 경기하는 것을 보았어.

He visto un partido de béisbol por televisión.

에 비스또 운 빠르띠도 데 베이스볼 뽀르 뗄레비시온

▶ 오늘 밤 그 경기가 텔레비전에 중계됩니까?

¿Van a transmitir ese partido esta noche por televisión?

반 아 뜨란스미띠르 에세 빠르띠도 에스따 노체 뽀르 뗄레비시온

▶ 언제 중계됩니까?

¿Cuándo lo retransmiten?

꾸안도 로 레뜨란스미뗀

Voca béisbol 야구 retransmitir 중계하다

스포츠에 관한 표현

스포츠 종목을 뜻하는 스페인어를 알아보자. fútbol "축구"/baloncesto "농구"/béisbol "야구"/voleibol "배구"/tenis "테니스"/natación "수영"/bádminton "배드민턴"

▶ 전 축구를 해요.

Juego al fútbol.

후에고 알 풋볼

▶ 그 축구경기 보셨어요?

¿Vio ese partido de fútbol?

비오 에세 빠르띠도 데 풋볼

▶ 학창 시절에 축구 선수였습니다.

Fui jugador de fútbol durante mis años escolares.

뿌이 후가도르 데 풋볼 두란떼 미스 아뇨스 에스꼴라레스

▶ 난 축구에 관심이 없어.

No me interesa el fútbol.

노 메 인떼레사 엘 풋볼

▶ 모든 스포츠 중에서 야구를 가장 좋아해.

De todos los deportes, el béisbol es el que más me gusta.

데 또도스 로스 데뽀르떼스 엘 베이스볼 에스 엘 께 마스 메 구스따

Voca jugar 플레이하다

레저에 대해서

수영 네 가지 영법은 다음과 같이 말한다. estilo libre "자유형"/estilo mariposa "접영"/estilo espalda "배영"/estilo braza "평영"

▶ 수영하러 갑시다.

Vamos a nadar.

바모스 아 나다르

▶ 어떤 영법의 수영을 좋아하십니까?

¿Qué estilo de natación le gusta?

께 에스띨로 데 나따시온 레 구스따

▶ 저는 수영을 잘 못합니다.

No nado muy bien.

노 나도 무이 비엔

▶ 저는 수영을 아주 잘합니다.

Nado muy bien.

나도 무이 비엔

▶ 스키를 좋아하세요?

¿Le gusta esquiar?

레 구스따 에스끼아르

Voca   nadar 수영하다   natación 수영   esquiar 스키를 타다

13 외모와 패션

요즘 세대에서 빼놓을 수 없는 관심사는 외모(apariencia)와 패션(moda)이다. 이 때 중요한 것은 복장(ropa), 헤어스타일(peinado), 악세서리(accesorios) 등이 있다.

Día 278 — 체격에 대해서

medir는 "재다", "측정하다"라는 의미인데, 키를 말할 때도 쓴다.

▶ 키가 얼마나 되죠?

¿Cuánto mide usted?

꾸안또 미데 우스뗄

▶ 5피트 3인치입니다.

Mido cinco pies y tres pulgadas.

미도 씽꼬 삐에스 이 뜨레스 뿔가다스

▶ 키가 큰 편이군요.

Es bastante alto.

에스 바스딴떼 알또

▶ 저는 키가 약간 작습니다.

Soy un poco bajo.

쏘이 운 뽀꼬 바호

Voca medir 재다, 측정하다 alto 큰 bajo 작은

algo de 명사는 "조금의~", "약간의~"로 해석된다. algo de dinero. "약간의 돈"/algo de tiempo "약간의 시간"

▶ 최근에 체중이 좀 늘었어요.

He ganado algo de peso recientemente.

에 가나도 알고 데 뻬소 레씨엔떼멘떼

▶ 요즘 체중을 좀 줄였어요.

Últimamente he perdido algo de peso.

울띠마멘떼 에 뻬르디도 알고 데 뻬소

▶ 체중이 얼마입니까?

¿Cuánto pesa usted?

꾸안또 뻬사 우스뗄

▶ 키에 비해 몸무게가 많이 나갑니다.

Peso bastante en relación con mi estatura.

뻬소 바스딴떼 엔 렐라씨온 꼰 미 에스따뚜라

▶ 허리가 굵어질까 조심하고 있습니다.

Estoy teniendo cuidado de no engordar de cintura.

에스또이 떼니엔도 꾸이다도 데 노 엔고르다르 데 씬뚜라

Voca peso 무게 ganar peso 살이 찌다 perder peso 살이 빠지다

Parte 6 화제 표현

외모는 중요한 요소이긴 하지만 너무 몰입하여 외모로 사람을 판단하면 안 된다. No juzgues a las personas por su apariencia. "외모로 사람을 판단하지 마라."

▶ 미남이시군요.

Es un hombre muy guapo.

에스 운 옴브레 무이 구아뽀

▶ 아, 가까이서 보니 훨씬 미남이시군요.

Ah, de cerca se ve usted aún más guapo.

아 데 쎄르까 쎄 베 우스뗄 아운 마스 구아뽀

▶ 아름다우시군요.

Es muy hermosa.

에스 무이 에르모사

▶ 건강해 보이십니다.

Se ve sano.

쎄 베 싸노

▶ 너 예쁘구나.

Eres muy guapa.

에레스 무이 구아빠

Voca guapo 잘생긴 hermoso 아름다운

패션에 대해서

"패션"이라는 단어인 moda 앞에 de가 붙으면 "유행하는"의 의미가 생긴다. ¿Está de moda este pantalón? "이 바지는 유행 중인가요?"

▶ 내 옷 어때요?

¿Qué le parece mi ropa?

께 레 빠레쎄 미 로빠

▶ 옷 입는 감각이 아주 좋으시군요.

Tiene muy buen gusto para vestir.

띠에네 무이 부엔 구스또 빠라 베스띠르

▶ 이 옷이 정말 마음에 안 들어요.

No me gusta nada esta ropa.

노 메 구스따 나다 에스따 로빠

▶ 그게 무슨 말이세요! 보기 좋은데요.

¡Pero qué dice! Le queda muy bien.

뻬로 께 디쎄 레 께다 무이 비엔

▶ 저는 패션에 매우 민감해요.

Soy muy sensible a la moda.

쏘이 무이 쎈시블레 아 라 모다

Parte 6 화제 표현

Voca ropa 옷 vestir 입다

성격과 태도

여러 성격들을 스페인어로 표현할 수 있다. sociable "사교적인"/extroverti-do "외향적인"/introvertido "내향적인"/tímido "소심한"/conservador "보수적인"/optimista "낙천적인"/pasivo "소극적인"/descuidado "부주의한"/positivo "긍정적인"/negativo "부정적인"

Día 282 — 성격을 물을 때

punto débil "약점"의 반대말은 punto fuerte "강점"이다. 이렇게 반대되는 단어들은 같이 외워두면 좋다.

▶ 당신의 성격은 어떻습니까?

¿Cómo es su personalidad?

꼬모 에스 수 뻬르소날리닫

▶ 당신의 약점은 무엇입니까?

¿Cuál es su punto débil?

꾸알 에스 수 뿐또 데빌

▶ 자신을 어떤 성격의 소유자라고 생각하십니까?

¿Cómo describiría su carácter?

꼬모 데스끄리비리아 수 까락떼르

▶ 남을 따르는 편입니까 아니면 남을 이끄는 편입니까?

¿Prefiere seguir a los demás o liderar?

쁘레삐에레 쎄기르 아 로스 데마스 오 리데라르

Voca personalidad 성격 punto débil 약점

자신의 성격을 말할 때

자신의 의견이나 생각을 말할 때 스페인어로 creo que..., pienso que..., me parece que..., diría que... 등이 쓰인다.

▶ 저는 다정한 편인 것 같습니다.

Creo que soy una persona afectuosa.

끄레오 께 쏘이 우나 뻬르소나 아뻭뚜오사

▶ 저는 늘 활동적입니다.

Siempre soy activo.

씨엠쁘레 쏘이 악띠보

▶ 저는 사교적입니다.

Soy sociable.

쏘이 쏘시아블레

▶ 저는 섬세하면서도 대담하다고 생각합니다.

Me considero una persona delicada, pero a la vez valiente.

메 꼰시데로 우나 뻬르소나 델리까다 뻬로 아 라 베스 발리엔떼

▶ 내성적이라고 생각합니다.

Creo que soy una persona introvertida.

끄레오 께 쏘이 우나 뻬르소나 인뜨로베르띠다

Voca   afectuoso 정이 많은   activo 활동적인   introvertido 내성적인

다른 사람의 성격을 말할 때

probablemente나 tal vez, quizás와 같이 "아마도"의 의미를 지닌 단어들이 나올 때 추측의 정도가 강하면 뒤에 직설법을 사용하고 추측의 정도가 보다 낮으면 접속법을 쓴다. Probablemente llega tarde. "아마도 그는 늦을 거야." (직설법)/Probablemente llegue tarde. "아마도 그는 늦을지도 몰라." (접속법)

▶ 그 사람 성격이 어때요?

¿Cómo es el carácter de esa persona?

꼬모 에스 엘 까락떼르 데 에사 뻬르소나

▶ 그는 아마 그저 말이 없는 성격일 겁니다.

Probablemente solo sea reservado.

브로바블레멘떼 쏠로 쎄아 레세르바도

▶ 그는 자신밖에 모릅니다.

Él solo piensa en sí mismo.

엘 쏠로 삐엔사 엔 씨 미스모

▶ 그녀는 성격이 둥글둥글해.

Ella tiene un carácter muy amable.

에야 띠에네 운 까락떼르 무이 아마블레

▶ 그녀는 성격이 아주 좋습니다.

Ella tiene muy buen carácter.

에야 띠에네 무이 부엔 까락떼르

Voca probablemente 아마도 reservado 조용한

성격을 묘사하는 긍정적인 의미의 형용사 몇 가지를 살펴보면 activo "적극적인"/amable "친절한"/agradable "상냥한"/generoso "관대한"/prudente "신중한"/sociable "사교적인" 등이 있다.

▶ 당신은 재미있는 사람이군요.

Usted es una persona muy divertida.

우스뗻 에스 우나 뻬르소나 무이 디베르띠다

▶ 당신은 정말 좋은 분이에요.

Usted es realmente una buena persona.

우스뗻 에스 레알멘떼 우나 부에나 뻬르소나

▶ 당신은 정말 너그러우시군요.

Usted es muy generoso.

우스뗻 에스 무이 헤네로소

▶ 당신은 참 개성적이에요.

Usted tiene una personalidad muy original.

우스뗻 띠에네 우나 뻬르소날리닫 무이 오리히날

▶ 성격이 원만하시군요.

Usted tiene un carácter muy equilibrado.

우스뗻 띠에네 운 까락떼르 무이 에낄리브라도

Voca divertido 재미있는 generoso 너그러운

“진절머리가 나다”, “지겹다”를 뜻하는 말 중에 “코”를 뜻하는 nariz 를 이용한 표현이 있다. estar hasta las narices라는 표현인데 Estoy hasta las narices del trabajo. “나는 일에 진절머리가 나.”라고 활용 할 수 있다.

▶ 당신은 정말 신사이군요.

Usted es todo un caballero.

우스뗄 에스 또도 운 까바예로

▶ 그 사람이라면 진절머리가 나요.

Estoy harto de esa persona.

에스또이 아르또 데 에사 뻬르소나

▶ 정말 참을 수 없어요.

Es realmente insoportable.

에스 레알멘떼 인소뽀르따블레

▶ 참 잘한다!

¡Muy bien hecho!

무이 비엔 에초

▶ 좋을 대로 하시오.

Haga lo que quiera.

아가 로 께 끼에라

Voca caballero 신사 harto 질린

술을 권할 때 가장 일반적인 표현은 ¿Tomamos algo? "한잔 할까요?" 이다.
한 잔 더 하자고 할 때에는 ¿Tomamos otra? "한 잔 더 마실까요?" 라는 표현을 쓸 수 있다.

Día 287 · **주량에 대해서**

beber en exceso "과음", resaca "숙취", grado de alcohol "도수" 등의
표현도 추가로 알아 두면 좋다.

▶ 평소에 어느 정도 마십니까?

¿Cuánto suele beber normalmente?

꾸안또 수엘레 베베르 노르말멘떼

▶ 전 술 잘 못해요.

No soy bueno con el alcohol.

노 쏘이 부에노 꼰 엘 알꼬올

▶ 저는 한 잔만 마셔도 얼굴이 빨개져요.

Me pongo rojo con solo una copa.

메 뽕고 로호 꼰 쏠로 우나 꼬빠

▶ 저는 술을 천천히 마시는 편입니다.

Bebo despacio.

베보 데스빠시오

Voca beber 마시다 copa 잔 despacio 천천히

probar는 "시도하다"의 의미인데, 문맥에 따라 다양한 의미로 해석된다. "시식하다", "시음하다"의 뜻으로 Voy a probar el vino. "와인 시음 좀 해 볼게요."의 의미도 있지만 ¿Puedo probarme este vestido? "이 드레스 입어봐도 될까요?"처럼 "입어보다"의 의미도 있다. 이러한 뜻에서 탈의실도 probador라고 한다.

▶ 알코올은 입에 대지 않기로 했습니다.

He decidido no probar ni una gota de alcohol.

에 데씨디도 노 쁘로바르 니 우나 고따 데 알꼬올

▶ 의사가 술을 마시면 안 된다고 했습니다.

El doctor me dijo que no debo beber.

엘 독또르 메 디호 께 노 데보 베베르

▶ 술을 끊는 것이 좋겠습니다.

Sería mejor que dejara de beber.

쎄리아 메호르 께 데하라 데 베베르

▶ 술을 끊었습니다.

He dejado de beber.

에 데하도 데 베베르

fumar는 "흡연하다"의 의미이다. 흡연금지를 뜻하는 표지판에는 보통 No fumar라고 써져 있다.

▶ 담배를 피우고 싶어 죽겠어요.

Tengo unas ganas tremendas de fumar.

뗑고 우나스 가나스 뜨레멘다스 데 뿌마르

▶ 아버지는 애연가입니다.

Mi padre es un fumador empedernido.

미 빠드레 에스 운 뿌마도르 엠뻬데르니도

▶ 하루에 어느 정도 피웁니까?

¿Cuántos cigarrillos fuma al día?

꾸안또스 씨가리요스 뿌마 알 디아

▶ 식후에 피우는 담배는 정말 맛있습니다.

Un cigarrillo después de comer sabe especialmente bien.

운 씨가리요 데스뿌에스 데 꼬메르 싸베 에스뻬시알멘떼 비엔

Voca fumador empedernido 애연가

"담배"는 cigarrillo라고 한다. "전자담배"는 cigarrillo electrónico라고 한다. "담배를 피우다"인 fumar와 다르게 "전자담배를 피우다"라는 vapear라는 단어도 있다.

▶ 담배 한 대 피우시겠습니까?

¿Le apetece un cigarrillo?

레 아뻬떼세 운 씨가리요

▶ 불을 빌려 주시겠습니까?

¿Podría prestarme fuego, por favor?

뽀드리아 쁘레스따르메 뿌에고 뽀르 빠보르

▶ 담배를 피워도 되겠습니까?

¿Puedo fumar?

뿌에도 뿌마르

▶ 여기서 담배를 피울 수 있습니까?

¿Está permitido fumar aquí?

에스따 뻬르미띠도 뿌마르 아끼

금연에 대해서

만약 금연장소에서 담배를 피우는 사람이 있다면 Este es un lugar para no fumar. "여기는 금연 장소입니다."/Aquí está prohibido fumar. "여기선 흡연이 금지되어 있습니다."라고 말해보자.

▶ 담배 끊었나요?

¿Ha dejado de fumar?

아 데하도 데 뿌마르

▶ 여전히 담배를 피우세요?

¿Todavía fuma?

또다비아 뿌마

▶ 담배를 끊으셔야 해요.

Debería dejar de fumar.

데베리아 데하르 데 뿌마르

▶ 당신이 담배를 끊으면 좋겠어요.

Me gustaría que dejara de fumar.

메 구스따리아 께 데하라 데 뿌마르

Parte 6 화제 표현

Voca dejar de ~을 그만두다 todavía 아직

날씨와 계절

스페인어에서 "날씨"를 뜻하는 단어인 tiempo는 "시간"이라는 뜻도 있으니 유의해야 한다. 또한 "계절"을 뜻하는 단어인 estación은 "역"이라는 뜻이 있으니 주의하자.

Día 292 — 날씨를 물을 때

tiempo는 시간과 날씨 두 가지 의미를 지닌다. 문맥에 따라 의미 파악을 해야 한다.

▶ 오늘 날씨 어때요?

¿Qué tiempo hace hoy?

께 띠엠뽀 아쎄 오이

▶ 그곳 날씨는 어떻습니까?

¿Qué tiempo hace allí?

께 띠엠뽀 아쎄 아이

▶ 바깥 날씨는 어떻습니까?

¿Qué tiempo hace fuera?

께 띠엠뽀 아쎄 뿌에라

▶ 날씨가 참 좋죠?

Hace muy buen tiempo, ¿verdad?

아쎄 무이 부엔 띠엠뽀 베르닫

Voca tiempo 날씨, 시간 fuera 밖에

기후에 대해서

날씨가 아닌 기후를 말할 때에는 clima라는 단어를 쓰는데, 이 단어는 a 로 끝나지만 남성명사이니 주의해야 한다.

▶ 당신 고향의 날씨는 어떻습니까?

¿Cómo es el clima en su ciudad natal?

꼬모 에스 엘 끌리마 엔 수 씨우닫 나딸

▶ 한국은 7월과 8월이 무척 더워요.

En Corea hace mucho calor en julio y agosto.

엔 꼬레아 아쎄 무초 깔로르 엔 훌리오 이 아고스또

▶ 한국의 기후에 대해 어떻게 생각하세요?

¿Qué opina del clima de Corea?

께 오삐나 델 끌리마 데 꼬레아

▶ 마드리드와 비교해 볼 때 이곳의 날씨는 어떻게 다른가요?

¿En qué se diferencia el clima de aquí comparado con el de Madrid?

엔 께 쎄 디뻬렌시아 엘 끌리마 데 아끼 꼼빠라도 꼰 엘 데 마드리드

▶ 기후는 한국과 다릅니다.

El clima es diferente al de Corea.

엘 끌리마 에스 디뻬렌떼 알 데 꼬레아

Voca ciudad natal 태어난 도시, 고향 julio 7월 agosto 8월

날씨를 말할 때

날씨 관련 표현에는 calor "더위"/frío "추위"/viento "바람"/cielo "하늘"/nieve "눈"/lluvia "비"/niebla "안개"/humedad "습기" 등이 있다.

▶ 오늘은 날씨가 화창하군요.

Hoy hace un día soleado.

오이 아쎄 운 디아 쏠레아도

▶ 햇볕이 좋아요.

Hace buen sol.

아쎄 부엔 솔

▶ 따뜻해요.

Hace calor agradable.

아쎄 깔로르 아그라다블레

▶ 건조해요.

Está seco.

에스따 쎄꼬

▶ 시원해요.

Hace fresco.

아쎄 쁘레스꼬

Voca　soleado 맑은, 화창한　seco 건조한

“덥다” 혹은 “춥다”라고 말할 때 스페인어에서는 hacer 동사와 명사를 사용한다. hace calor “덥다”/hace frío “춥다”

▶ 오늘 일기예보는 어떻습니까?

¿Cuál es el pronóstico del tiempo para hoy?

꾸알 에스 엘 쁘로노스띠꼬 델 띠엠뽀 빠라 오이

▶ 일기예보에서 뭐라고 하니?

¿Qué dice el pronóstico del tiempo?

께 디쎄 엘 쁘로노스띠꼬 델 띠엠뽀

▶ 내일 기상 예보를 아세요?

¿Sabe el pronóstico del tiempo para mañana?

싸베 엘 쁘로노스띠꼬 델 띠엠뽀 빠라 마냐나

▶ 내일 날씨가 어떨까요?

¿Qué tiempo hará mañana?

께 띠엠보 아라 마냐나

▶ 일기예보를 확인해 보세요.

Por favor, consulte el pronóstico del tiempo.

뽀르 빠보르 꼰술떼 엘 쁘로노스띠꼬 델 띠엠보

Voca pronóstico del tiempo 일기예보 mañana 내일

soplar 동사는 자동사, 타동사 모두 사용 가능하다. 자동사일 때는 El viento sopla. "바람이 분다.", 타동사일 때는 Ella sopla las velas. "그녀가 촛불을 분다."라고 쓰인다.

▶ 밖에 아직도 바람이 부나요?

¿Todavía está soplando el viento afuera?

또다비아 에스따 쏘쁠란도 엘 비엔또 아뿌에라

▶ 바람이 세차게 부는군요!

¡El viento está soplando con fuerza!

엘 비엔또 에스따 쏘쁠란도 꼰 뿌에르사

▶ 폭풍이 쳐요.

Hay una tormenta.

아이 우나 또르멘따

▶ 비가 와요.

Está lloviendo.

에스따 요비엔도

▶ 억수같이 퍼부어요.

Está lloviendo a cántaros.

에스따 요비엔도 아 깐따로스

Voca soplar 불다 viento 바람 tormenta 폭풍

계절에 대해서

"계절"을 뜻하는 estación은 "역"이라는 뜻도 같이 지니고 있기에 tiempo처럼 문맥을 통해 의미 파악을 해야 한다.

▶ 어느 계절을 가장 좋아하세요?

¿Cuál es su estación favorita?

꾸알 에스 수 에스따시온 빠보리따

▶ 1년 내내 봄날이라면 좋겠어요!

¡Sería genial si fuera primavera todo el año!

쎄리아 헤니알 씨 뿌에라 쁘리마베라 또도 엘 아뇨

▶ 비가 많이 오는 계절은 싫어합니다.

No me gusta la estación en la que llueve mucho.

노 메 구스따 라 에스따시온 엔 라 께 유에베 무초

▶ 가을 기운이 완연해요.

Ya se siente el ambiente otoñal.

야 쎄 씨엔떼 엘 암비엔떼 오또냘

▶ 겨울이 다가오는 것 같아요.

Parece que el invierno se está acercando.

빠레쎄 께 엘 인비에르노 쎄 에스따 아쎄르깐도

Voca estación 계절 primavera 봄 ambiente 분위기, 기운

시간, 요일, 연월일 등의 시간 표현은 일상생활에서 언제 어디서든지 입에서 술술 나올 수 있도록 하자. 시간을 물을 때는 ¿Qué hora es? "지금 몇 시죠?", 요일을 물을 때는 ¿Qué día de la semana es hoy? "오늘이 무슨 요일이죠?", 날짜를 물을 때에는 ¿Cuál es la fecha de hoy? "오늘 몇 일이죠?", 월을 물을 때는 ¿En qué mes estamos? "오늘 몇 월이죠?"라고 하면 된다.

Día 298 — 시간을 물을 때

"시"는 hora, "분"은 minuto, "초"는 segundo라고 한다.

▶ 지금 몇 시죠?

¿Qué hora es ahora?

께 오라 에스 아오라

▶ 몇 시입니까?

¿Qué hora es?

께 오라 에스

▶ 몇 시쯤 됐을까요?

¿Qué hora será más o menos?

께 오라 쎄라 마스 오 메노스

▶ 정확히 몇 시입니까?

¿Qué hora es exactamente?

께 오라 에스 엑삭따멘떼

Voca más o menos 대략 exactamente 정확히

시간을 말할 때

"~시 ~분 전"이라고 말할 때 스페인과 중남미 방식이 다르다. 스페인에서는 menos를, 중남미에선 faltar를 사용한다. 4시 10분전 즉, 3시 50분을 말할 때 스페인에서는 son las cuatro menos diez라고 하고, 중남미에선 faltan diez minutos para las cuatro라고 한다. 정리하자면 스페인은 "son las [다음 시] menos [분]", 중남미는 "falta(n) [분] para las [다음 시]"이다.

▶ 오전 7시입니다.

Son las siete de la mañana.

쏜 라스 씨에떼 데 라 마냐나

▶ 오전 8시 15분입니다.

Son las ocho y cuarto de la mañana.

쏜 라스 오초 이 꾸아르또 데 라 마냐나

▶ 오후 2시 반입니다.

Son las dos y media de la tarde.

쏜 라스 도스 이 메디아 데 라 따르데

▶ 오후 8시 10분 전입니다.

Son las ocho menos diez de la tarde.

쏜 라스 오초 메노스 디에스 데 라 따르데

▶ 아직 7시밖에 안 되었어요.

Todavía son las siete nada más.

또다비아 쏜 라스 씨에떼 나다 마스

Voca cuarto 4분의 1 media 반

시간에 대해서

시간에 관한 다양한 표현들도 알아두면 좋다. perder el tiempo. "시간을 낭비하다."/el tiempo no pasa. "시간이 느리게 간다."/el tiempo vuela. "시간이 빠르게 간다."

▶ 업무 시간이 언제죠?

¿Cuál es su horario de trabajo?

꾸알 에스 수 오라리오 데 뜨라바호

▶ 시간 가는 줄 몰랐어요.

No me di cuenta de cómo pasó el tiempo.

노 메 디 꾸엔따 데 꼬모 빠소 엘 띠엠뽀

▶ 이 시간에 여기 웬일이세요?

¿Qué hace usted aquí a estas horas?

께 아쎄 우스뗃 아끼 아 에스따스 오라스

▶ 이것은 시간을 다투는 문제예요.

Esto es una cuestión urgente.

에스또 에스 우나 꾸에스띠온 우르헨떼

▶ 우리는 허비할 시간이 없어.

No tenemos tiempo que perder.

노 떼네모스 띠엠뽀 께 뻬르데르

Voca horario 시간표 darse cuenta de 깨닫다

날짜에 대해서

날짜를 물을 경우 ¿Qué fecha es hoy?/¿A qué día estamos?/¿Cuál es la fecha de hoy?라고 물어볼 수 있다.

▶ 오늘이 며칠이죠?

¿Qué fecha es hoy?

께 뻬차 에스 오이

▶ 날짜가 언제입니까?

¿Cuál es la fecha?

꾸알 에스 라 뻬차

▶ 오늘이 무슨 날이죠?

¿Qué día es hoy?

께 디아 에스 오이

▶ 오늘이 무슨 특별한 날입니까?

¿Hoy es un día especial?

오이 에스 운 디아 에스뻬시알

▶ 우리 휴가가 며칠부터 시작이죠?

¿A parteir de qué día empiezan nuestras vacaciones?

아 빠르띠르 데 께 디아 엠삐에산 누에스뜨라스 바까시오네스

Voca fecha 날짜 a parteir de ~부터

de A a B는 "A에서부터 B까지" 표현으로 공간 및 시간 표현에서 활용된다. Voy de Madrid a Barcelona. "나는 마드리드에서 바르셀로나까지 간다."/La reunión es de las 9 a las 11. "그 회의는 9시부터 11시까지다."

▶ 오늘이 무슨 요일이죠?

¿Qué día de la semana es hoy?

께 디아 데 라 쎄마나 에스 오이

▶ 오늘이 수요일입니까 아니면 목요일입니까?

¿Hoy es miércoles o jueves?

오이 에스 미에르꼴레스 오 후에베스

▶ 월급날은 무슨 요일이에요?

¿Qué día se cobra normalmente?

께 디아 쎄 꼬브라 노르말멘떼

▶ 미안합니다, 제가 요일을 혼동했군요.

Lo siento, he confundido el día de la semana.

로 씨엔또 에 꼰뿐디도 엘 디아 데 라 쎄마나

▶ 보통 월요일에서 금요일까지 영업합니다.

Normalmente abrimos de lunes a viernes.

노르말멘떼 아브리모스 데 루네스 아 비에르네스

Voca miércoles 수요일 jueves 목요일 viernes 금요일

월(月)에 관한 표현

"매달"이라고 말할 때, "각각의"라는 의미의 cada를 활용하여 cada mes라고 할 수도 있고, todos los meses라고 할 수도 있다. todo el mes는 "한 달 내내"라는 의미이다. 이는 일과 주, 해(年)에도 적용된다.

▶ 몇 월이죠?

¿En qué mes estamos?

엔 께 메스 에스따모스

▶ 이달에 어떤 공휴일이 있지요?

¿Qué días festivos hay este mes?

께 디아스 뻬스띠보스 아이 에스떼 메스

▶ 여기에 온 지 3개월 되었습니다.

Llevo tres meses aquí.

예보 뜨레스 메세스 아끼

▶ 8월 25일까지 끝낼 수 있습니까?

¿Puede terminarlo antes del 25 de agosto?

뿌에데 떼르미나를로 안떼스 델 베인띠씽꼬 데 아고스또

▶ 월급날은 매달 30일입니다.

El día de pago es el 30 de cada mes.

엘 디아 데 빠고 에스 엘 뜨레인따 데 까다 메스

Voca mes 월, 달 día festivo 공휴일

해(年)에 관한 표현

영어로 연도를 읽을 때에는 두 자리씩 끊어서 읽지만, 스페인어는 그렇지 않다. 2025는 끊어서 [베인떼 베인띠씽꼬]라고 읽지 않고 한 단어로 [도스밀 베인띠씽꼬]라고 읽는다.

▶ 올해는 몇 년도입니까?

¿Qué año es este?

께 아뇨 에스 에스떼

▶ 몇 년도에 태어나셨어요?

¿En qué año nació?

엔 께 아뇨 나씨오

▶ 올해의 계획은 잘 지켜지고 있습니까?

¿Está cumpliendo bien sus planes para este año?

에스따 꿈쁠리엔도 비엔 수스 쁠라네스 빠라 에스떼 아뇨

▶ 그 계약은 3년간 유효합니다.

Ese contrato es válido por tres años.

에세 꼰뜨라또 에스 발리도 뽀르 뜨레스 아뇨스

▶ 저희는 20년이 넘게 사업을 해 왔습니다.

Llevamos más de 20 años en este negocio.

예바모스 마스 데 베인떼 아뇨스 엔 에스떼 네고시오

Voca año 연, 해 válido 유효한

머리가 아파요.
Me duele la cabeza.
메 두엘레 라 까베사

눈에 뭐가 들어갔어요.
Tengo algo en el ojo.
뗑고 알고 엔 엘 오호

귀가 아파요.
Me duele el oído.
메 두엘레 엘 오이도

이가 아파요.
Me duele un diente.
메 두엘레 운 디엔떼

콧물이 나와요.
Tengo mocos.
뗑고 모꼬스

목이 아파요.
Me duele la garganta.
메 두엘레 라 가르간따

배가 아파요.
Me duele el estómago.
메 두엘레 엘 에스또마고

손을 데었어요.
Me quemé la mano.
메 께메 라 마노

다리가 부러졌어요.
Me rompí la pierna.
메 롬삐 라 삐에르나

발목을 삐었어요.
Me torcí el tobillo.
메 또르씨 엘 또비요

여행 표현

해외 여행은 그 자체만으로 가슴을 설레게 한다. 막연하게 아무런 준비 없이 여행이나 출장을 떠나는 것보다는 기본적인 스페인어 회화를 익혀 두어야 함은 물론이고, 여행 계획을 잘 짜 두어야 훨씬 안전하고 즐거운 여행을 할 수 있다. 따라서 여기서는 여행 시 필요한 숙박, 쇼핑, 관광 등에 관한 다양한 표현을 익히도록 한다.

한국에서 출발하는 항공 회사(aerolínea)의 편(vuelo)에는 대개 한국인 승무원이 탑승하고 있어서 말이 통하지 않아도 큰 불편은 없다. 비행기를 처음 타거나 배정된 좌석을 찾기 힘들 땐 승무원에게 도움을 요청하면 된다. 만약 외국 비행기에 탑승했을 경우 의사소통이 어렵더라도 좌석권을 승무원에게 보여 주기만 하면 직원들이 알아듣고 서비스를 제공해준다.

Día 305 | 좌석을 찾을 때

창가 쪽 자리는 asiento de la ventanilla, 복도 쪽 자리는 asiento de pasillo라고 한다.

▶ 제 자리는 어디입니까?

¿Dónde está mi asiento?

돈데 에스따 미 아씨엔또

▶ 탑승권을 보여 주시겠습니까?

¿Podría mostrarme su tarjeta de embarque?

뽀드리아 모스뜨라르메 수 따르헤따 데 엠바르께

▶ 미안합니다, 지나가도 될까요?

Disculpe, ¿puedo pasar?

디스꿀뻬 뿌에도 빠사르

▶ 여기는 제 자리인데요.

Perdón, pero este es mi asiento.

뻬르돈 뻬로 에스떼 에스 미 아씨엔또

Voca asiento 좌석 tarjeta de embarque 탑승권

기내 서비스를 받을 때

기내 서비스는 스페인어로 servicio a bordo라고 한다. 이 비행편에는 기내 서비스가 포함되어 있는지 물을 때에는 ¿Está incluido el servicio a bordo en este vuelo?라고 말할 수 있다.

▶ 음료는 뭐가 좋겠습니까?

¿Qué le gustaría beber?

께 레 구스따리아 베베르

▶ 어떤 음료가 있습니까?

¿Qué tipo de bebidas tienen?

께 띠뽀 데 베비다스 띠에넨

▶ 콜라는 있습니까?

¿Tienen Coca Cola?

띠에넨 꼬까꼴라

▶ 맥주를 주시겠습니까?

¿Podría darme una cerveza?

뽀드리아 다르메 우나 쎄르베사

▶ 베개와 담요를 주시겠어요?

¿Podría darme una almohada y una manta?

뽀드리아 다르메 우나 알모아다 이 우나 만따

Voca almohada 베개 manta 담요

기내 식사 및 입국카드 작성

기내식에는 다양한 선택지가 있을 수 있기에 ¿Qué opciones hay para comer? "식사로 어떤 선택지가 있나요?"라고 물어볼 수 있다. 또한, 알레르기가 있다면 Soy alérgico a A. "저는 A알레르기가 있어요."라고 말할 수 있다.

▶ 식사는 언제 나옵니까?

¿Cuándo sirven la comida?

꾸안도 씨르벤 라 꼬미다

▶ 소고기와 닭고기가 있는데, 어느 것으로 하시겠습니까?

Tenemos ternera y pollo, ¿cuál prefiere?

떼네모스 떼르네라 이 뽀요 꾸알 쁘레삐에레

▶ 식사는 필요 없습니다.

No necesito comida.

노 네쎄시또 꼬미다

▶ 이것은 입국카드입니까?

¿Es esta la tarjeta de entrada?

에스 에스따 라 따르헤따 데 엔뜨라다

▶ 이 서류 작성법을 가르쳐 주시겠어요?

¿Podría enseñarme cómo rellenar este formulario?

뽀드리아 엔쎄냐르메 꼬모 레예나르 에스떼 보르물라리오

Voca　ternera 소고기　pollo 닭고기　rellenar 채우다

puerto는 "항구"라는 의미의 단어이다. 여기에 "aero-"가 붙은 aero-puerto는 "공항"이라는 의미의 단어이다. aero-는 "공중"과 관련된 접두사로 aerolínea "항공사"/aeronave "항공기" 등의 단어들에도 사용된다.

▶ 이 공항에서 어느 정도 머뭅니까?

¿Cuánto tiempo estaremos en este aeropuerto?

꾸안또 띠엠뽀 에스따레모스 엔 에스떼 뿌에르또

▶ 환승 카운터는 어디입니까?

¿Dónde está el mostrador de conexión?

돈데 에스따 엘 모스뜨라도르 데 꼬넥시온

▶ 탑승수속은 어디서 하면 됩니까?

¿Dónde debo hacer el check-in?

돈데 데보 아쎄르 엘 체크인

▶ 환승까지 시간은 어느 정도 있습니까?

¿Cuánto tiempo hay hasta la conexión?

꾸안또 띠엠뽀 아이 아스따 라 꼬넥시온

▶ 탑승은 몇 시부터 시작합니까?

¿A qué hora empieza el embarque?

아 께 오라 엠삐에사 엘 엠바르께

Voca aeropuerto 공항 embarque 탑승

목적지 공항에 도착해서 llegada 표시를 따라 inmigración을 향해 가면 입국 심사 카운터에 도착한다. 기내에서 작성한 입국카드와 여권을 심사관에게 보여준다. 입국심사가 끝나면 recogida de equipaje의 표시를 따라간다. 짐을 찾으면 aduana 표시를 따라 세관으로 가서 여권과 세관 신고서를 담당에게 보여 주고 통과를 기다린다.

Día 309 입국수속을 밟을 때

입국 목적을 질문 받으면 Vengo por negocios. "사업 차 왔습니다."/Vengo de vacaciones. "휴가로 왔습니다."/Vengo a estudiar. "공부하러 왔습니다."/Vengo a visitar a mi amigo. "친구를 방문하러 왔습니다." 등으로 답을 할 수 있다.

▶ 여권을 보여 주시겠습니까?

¿Podría mostrarme su pasaporte?

뽀드리아 모스뜨라르메 수 빠사뽀르떼

▶ 입국 목적은 무엇입니까?

¿Cuál es el motivo de su visita?

꾸알 에스 엘 모띠보 데 수 비시따

▶ 얼마나 체류하십니까? (체류 기간)

¿Cuánto tiempo va a quedarse?

꾸안또 띠엠뽀 바 아 께다르세

▶ 어디에 머무십니까?

¿Dónde va a quedarse?

돈데 바 아 께다르세

Voca pasaporte 여권 motivo 이유, 동기

짐을 찾을 때

equipaje는 "수하물", "짐"을 뜻한다. "여행 가방", "캐리어"를 뜻하는 단어는 maleta이다. "백팩"은 mochila라고 한다.

▶ 짐은 어디서 찾습니까?

¿Dónde recojo el equipaje?

돈데 레꼬호 엘 에끼빠헤

▶ 여기가 714편 짐 찾는 곳입니까?

¿Este es el área de recogida del vuelo 714?

에스떼 에스 엘 아레아 데 레꼬히다 델 부엘로 쎄떼씨엔또스까또르세

▶ 714편 짐은 나왔습니까?

¿Ya ha salido el equipaje del vuelo 714?

야 아 쌀리도 엘 에끼빠헤 델 부엘로 쎄떼씨엔또스까또르세

▶ 제 짐이 보이지 않습니다.

No puedo encontrar mi equipaje.

노 뿌에도 엔꼰뜨라르 미 에끼빠헤

▶ 이게 수하물인환증입니다.

Este es mi comprobante de equipaje.

에스떼 에스 미 꼼쁘로반떼 데 에끼빠헤

Parte 7 요앙 표완

Voca recoger 짐을 찾다 equipaje 짐

면세를 영어로 duty free라고 하는데, 스페인어로는 libre de impuestos라고 한다. 면세점은 tienda libre de impuestos라고 하니 잘 기억해 두었다가 여행할 때 떠올려보자.

▶ 여권과 신고서를 보여 주십시오.

Muéstreme su pasaporte y la declaración, por favor.

무에스뜨르메 수 빠사뽀르떼 이 라 데끌라라시온 뽀르 빠보르

▶ 신고할 것은 있습니까?

¿Tiene algo que declarar?

띠에네 알고 께 데끌라라르

▶ 개인 소지품뿐입니다.

Solo son efectos personales.

쏠로 쏜 에뻭또스 뻬르소날레스

▶ 이 가방을 열어 주십시오.

Abra esta maleta, por favor.

에브라 에스따 말레따 뽀르 빠보르

▶ 내용물은 무엇입니까?

¿Qué lleva dentro?

께 예바 덴뜨로

Voca declaración 신고서 declarar 신고하다 maleta 여행가방

공항의 관광 안내소에서

요새는 여행을 가기 전에 미리 인터넷을 많은 정보들을 접할 수 있지만 만약 준비가 부족한 상태라면 관광 안내소는 큰 도움이 된다. 관광 안내소는 oficina de información turística라고 한다.

▶ 관광 안내소는 어디에 있습니까?

¿Dónde está la oficina de información turística?

돈데 에스따 라 오삐시나 데 인뽀르마시온 뚜리스띠까

▶ 시가지도와 관광 팸플릿을 주시겠어요?

¿Podría darme un plano de la ciudad y unos folletos turísticos?

뽀드리아 다르메 운 쁠라노 데 라 씨우닫 이 우노스 뽀예또스 뚜리스띠꼬스

▶ 매표소는 어디에 있습니까?

¿Dónde está la taquilla?

돈데 에스따 라 따끼야

▶ 출구는 어디입니까?

¿Dónde está la salida?

돈데 에스따 라 살리다

▶ 여기서 호텔을 예약할 수 있나요?

¿Puedo reservar un hotel desde aquí?

뿌에도 레쎄르바르 운 오뗄 데스데 아끼

Voca oficina de información turística 관광 안내소 folleto 팜플렛 taquilla 매표소

호텔을 이용할 때

요새는 각국의 호텔 정보를 한꺼번에 살펴볼 수 있는 사이트나 어플이 있어서 숙소를 미리 예약하지 않아도 정보를 찾아 당일 예약이 가능하지만, 그래도 안전하게 여행 출발 전에 미리 예약해 두는 것이 좋다. 예약 시에는 요금, 입지, 치안 등을 고려해야 한다.

Día 313 · 호텔을 찾을 때

"~을 위해"를 뜻하는 전치사는 para이다. 하지만 왕래동사, 즉 ir "가다" venir "오다" 등의 동사에서는 "~을 위해"라고 말할 때 a로 쓰는 것이 더 자연스럽다. 아래 표현들 중에서 venir a recogerme도 "데리러 오다"로 쓰일 때, para 대신 a가 쓰인 것이다.

▶ 역까지 데리러 오시겠습니까?

¿Podría venir a recogerme a la estación?

뽀드리아 베니르 아 레꼬헤르메 아 라 에스따시온

▶ 공항까지 데리러 오시겠습니까?

¿Podría venir a recogerme al aeropuerto?

뽀드리아 베니르 아 레꼬헤르메 알 아에로뿌에르또

▶ 그 호텔은 어디에 있습니까?

¿Dónde está el hotel?

돈데 에스따 엘 오뗄

▶ 다른 호텔을 소개해 주시겠어요?

¿Podría recomendarme otro hotel?

뽀드리아 레꼬멘다르 오뜨로 오뗄

Voca hotel 호텔 recomendar 추천하다

“몇 박 몇 일”을 말할 때, noche와 día를 사용한다. una noche y dos días “1박 2일”. 이때 줄여서 una noche라고 하면 1박 2일로 이해된다.

▶ 예약을 하고 싶은데요.

Quiero hacer una reserva.

끼에로 아쎄르 우나 레쎄르바

▶ 오늘 밤, 빈방 있습니까?

¿Tiene habitaciones disponibles para esta noche?

띠에네 아비따시오네스 디스뽀니블레스 빠라 에스따 노체

▶ 숙박요금은 얼마입니까?

¿Cuánto cuesta la estancia?

꾸안또 꾸에스따 라 에스딴시아

▶ 1박에 얼마입니까?

¿Cuánto cuesta por noche?

꾸안또 꾸에스따 뽀르 노체

▶ 요금에 조식은 포함되어 있나요?

¿Está incluido el desayuno en el precio?

에스따 인끌루이도 엘 데사유노 엔 엘 쁘레씨오

Voca reserva 예약 habitación 방

체크인할 때

"체크인하다"는 스페인어로 hacer el check-in 또는 registrarse라고 한다. Quiero hacer el check-in, ahora./Quiero registrarme, ahora. 둘다 "지금 체크인 하고 싶습니다."의 의미이다.

▶ 예약은 하셨습니까?

¿Tiene una reserva?

띠에네 우나 레쎄르바

▶ 확인서는 여기 있습니다.

Aquí tiene la confirmación.

아끼 띠에네 라 꼰삐르마시온

▶ 예약은 한국에서 했습니다.

Hice la reserva desde Corea.

이쎄 라 레쎄르바 데스데 꼬레아

▶ 아직 예약을 하지 않았습니다.

No he hecho una reserva todavía.

노 에 에초 우나 레쎄르바 또다비아

▶ 성함을 말해 주시겠어요?

¿Podría decirme su nombre, por favor?

뽀드리아 데씨르메 수 놈브레 뽀르 빠보르

Voca　confirmación 확인서　todavía 아직

방을 확인할 때

방 전망에 관해 말할 때 dar "주다" 동사를 활용할 수 있다. dar a는 "~을 향하다"라는 뜻이 되는데 여기서 al mar는 a와 el의 축약형이므로 La habitación da al mar. 직역하면 "방이 바다를 향해 있다."로 해석할 수 있다. 다시 말해 오션뷰라는 의미이다.

▶ 방을 보여 주시겠어요?

¿Podría mostrarme la habitación?

뽀드리아 모스뜨라르메 라 아비따시온

▶ 좀 더 큰 방으로 바꿔 주시겠어요?

¿Podría cambiar por una habitación más grande?

뽀드리아 깜비아르 뽀르 우나 아비따시온 마스 그란데

▶ 조용한 방으로 부탁합니다.

Quiero una habitación tranquila, por favor.

끼에로 우나 아비따시온 뜨란낄라 뽀르 빠보르

▶ 전망이 좋은 방으로 부탁합니다.

Quiero una habitación con buenas vistas, por favor.

끼에로 우나 아비따시온 꼰 부에나스 비스따스 뽀르 빠보르

▶ 이 방으로 하겠습니다.

Me quedaré con esta habitación.

메 께다레 꼰 에스따 아비따시온

Voca mostrar 보여주다 cambiar 바꾸다

체크인 트러블

호텔 체크인 시각은 호텔마다 조금씩 다르지만 보통 오후 2시부터이다. 호텔 도착 시간이 6시가 넘을 때는 예약이 취소될 수도 있으므로 늦게 도착할 것 같다면 호텔에 도착 시간을 전화로 미리 알려 주는 것이 좋다.

▶ 8시에 도착할 것 같습니다. (늦을 경우)

Creo que llegaré a las ocho.

끄레오 께 예가레 아 라스 오초

▶ 예약을 취소하지 마세요.

Por favor, no cancele mi reserva.

뽀르 빠보르 노 깐셀레 미 레쎄르바

▶ 다시 한번 제 예약을 확인해 주십시오. (예약되어 있지 않을 때)

Por favor, verifique de nuevo mi reserva.

뽀르 빠보르 베리삐께 데 누에보 미 레쎄르바

▶ 방을 취소하지 않았습니다.

No he cancelado la habitación.

노 에 깐셀라도 라 아비따시온

▶ 다른 호텔을 찾으시겠습니까?

¿Quiere buscar otro hotel?

끼에레 부스까르 오뜨로 오뗄

Voca llegar 도착하다 cancelar 취소하다

룸서비스

호텔 서비스에 관한 다양한 표현을 알아보자. desayuno "조식"/cena "저녁식사"/toalla "수건"/almohada "베개"/llamada de despertador "모닝콜"/taxi "택시"/contraseña de wifi "와이파이 비밀번호"

▶ 룸서비스를 부탁합니다.

Quiero pedir el servicio de habitaciones.

끼에로 뻬디로 엘 쎄르비시오 데 아비따시오네스

▶ 여기는 1234호실입니다.

Habla desde la habitación 1234.

아블라 데스데 라 아비따시온 우노도스뜨레스꾸아뜨로

▶ 룸서비스입니다, 무엇을 도와드릴까요?

Servicio de habitaciones, ¿en qué puedo ayudarle?

쎄르비시오 데 아비따시오네스 엔 께 뿌에도 아유다를레

▶ 어느 정도 시간이 걸립니까?

¿Cuánto tiempo tardará?

꾸안또 띠엠뽀 따르다라

▶ 뜨거운 물을 주시겠어요?

¿Podría traerme agua caliente, por favor?

뽀드리아 뜨라에르메 아구아 깔리엔떼 뽀르 빠보르

Voca servicio de habitaciones 룸서비스 ayudar 돕다

외출과 호텔 시설을 이용할 때

호텔 외출 시에는 안전을 위해 여권이나 현금, 전자기기 등의 귀중품은 객실 내 금고(caja fuerte)에 보관하거나 프런트(recepción)에 맡기는 것이 좋다.

▶ 저한테 온 메시지는 있습니까?

¿Hay algún mensaje para mí?

아이 알군 멘사헤 빠라 미

▶ 오늘 밤 늦게 돌아올 예정입니다.

Esta noche volveré tarde.

에스따 노체 볼베레 따르데

▶ 자판기는 있습니까?

¿Hay una máquina expendedora?

아이 우나 마끼나 엑스뻰데도라

▶ 식당은 어디에 있습니까?

¿Dónde está el restaurante?

돈데 에스따 엘 레스따우란떼

▶ 식당은 몇 시까지 합니까?

¿Hasta qué hora está abierto el restaurante?

아스따 께 오라 에스따 아비에르또 엘 레스따우란떼

Voca mensaje 메시지 volver 돌아오다 máquina expendedora 자판기

호텔 이용에 관한 트러블

"열쇠"는 llave이다. 비유적으로 비결이라는 의미로도 쓰인다. La llave del éxito es la constancia. "성공의 비결은 꾸준함이다."

▶ 열쇠가 잠겨 방에 들어갈 수 없습니다.

No puedo entrar en la habitación porque está cerrada.

노 뿌에도 엔뜨라르 엔 라 아비따시온 보르께 에스따 쎄라다

▶ 방 번호를 잊어버렸습니다.

He olvidado el número de mi habitación.

에 올비다도 엘 누메로 데 미 아비따시온

▶ 옆방이 무척 시끄럽습니다.

La habitación de al lado está haciendo mucho ruido.

라 아비따시온 데 알라도 에스따 아씨엔도 무초 루이도

▶ 복도에 이상한 사람이 있습니다.

Hay una persona extraña en el pasillo.

아이 우나 뻬르소나 엑스뜨라냐 엔 엘 빠시요

▶ 다른 방으로 바꿔 주시겠어요?

¿Podría cambiarme a otra habitación?

뽀드리아 깜비아르메 아 오뜨라 아비따시온

Voca entrar 들어가다 olvidar 잊다, 까먹다

체크아웃을 준비할 때

늦은 체크아웃이 가능한지 궁금할 때는 ¿Está disponible el late check-out?처럼 영어 표현을 사용할 수도 있고 혹은 Quiero solicitar una salida tardía처럼 스페인어 표현을 사용할 수도 있다.

▶ 체크아웃은 몇 시입니까?

¿A qué hora es el check-out?

아 께 오라 에스 엘 체크아웃

▶ 몇 시에 떠날 겁니까?

¿A qué hora va a salir?

아 께 오라 바 아 쌀리르

▶ 하룻밤 더 묵고 싶은데요.

Me gustaría quedarme una noche más.

메 구스따리아 께다르메 우나 노체 마스

▶ 하루 일찍 떠나고 싶은데요.

Me gustaría salir un día antes.

메 구스따리아 쌀리르 운 디아 안떼스

▶ 오후까지 방을 쓸 수 있나요?

¿Puedo usar la habitación hasta la tarde?

뿌에도 우사르 라 아비따시온 아스따 라 따르데

Voca hasta ~까지

체크아웃할 때

호텔 체크아웃 시간은 보통 정오 즉, 낮 12시인 경우가 많다. 스페인어로 정오를 가리키는 단어는 mediodía이다. 한편, 자정을 가리키는 단어는 medianoche이다.

▶ 체크아웃을 하고 싶은데요.

Quisiera hacer el check-out.

끼시에라 아쎄르 엘 체크아웃

▶ 홍 씨이신가요? 열쇠를 주시겠습니까?

¿Es usted el señor Hong? ¿Podría darme la llave, por favor?

에스 우스뗄 엘 쎄뇨르 홍 뽀드리아 다르메 라 야베 뽀르 빠보르

▶ 포터를 보내 주세요.

Por favor, envíe al botones.

뽀르 빠보르 엔비에 알 보또네스

▶ 맡긴 귀중품을 꺼내 주세요.

Quisiera recoger los objetos de valor que dejé.

끼시에라 레꼬헤르 로스 오브헤또스 데 발로르 께 데헤

▶ 출발할 때까지 짐을 맡아 주시겠어요?

¿Podrían guardar mi equipaje hasta que me marche?

뽀드리안 과르다르 미 에끼빠헤 아스따 께 메 마르체

Voca botones 포터 objeto de valor 귀중품

계산을 할 때

계산과 관련된 단어들을 짚고 넘어가자. 계산서는 factura 혹은 recibo, 신용카드는 tarjeta de crédito, 체크카드는 tarjeta de débito, 현금은 efectivo, 여행자수표는 cheque de viaje, 전자서명은 firma electrónica, 한도초과는 límite excedido라고 한다.

▶ 방에 물건을 두고 나왔습니다.

He dejado algo en la habitación.

에 데하도 알고 엔 라 아비따시온

▶ 계산을 부탁합니다.

Quiero pagar, por favor.

끼에로 빠가르 뽀르 빠보르

▶ 신용카드도 됩니까?

¿Aceptan tarjeta de crédito?

아쎕딴 따르헤따 데 끄레디또

▶ 여행자수표도 받습니까?

¿Aceptan cheques de viaje?

아쎕딴 체께스 데 비아헤

▶ 현금으로 지불하시겠습니까, 카드로 지불하시겠습니까?

¿Va a pagar en efectivo o con tarjeta?

바 아 빠가르 엔 에빽띠보 오 꼰 따르헤따

Voca tarjeta de crédito 신용카드 cheque 수표

해외에서 식당을 이용할 때, 우리나라처럼 종업원을 큰 소리로 부르지 않는다. 예의 있게 살짝 손을 들어 눈길을 끌거나 부드럽게 Perdón 혹은 Disculpe라고 말하는 것이 일반적이다.

Día 324 · 식당을 찾을 때

restaurante의 발음은 [레스따우란떼]로 스페인어답게 발음 그대로 읽으면 된다.

▶ 이 근처에 맛있게 하는 음식점은 없습니까?

¿Hay algún buen restaurante cerca de aquí?

아이 알군 부엔 레스따우란떼 쎄르가 데 아끼

▶ 이곳에 한국 식당은 있습니까?

¿Hay algún restaurante coreano por aquí?

아이 알군 레스따우란떼 꼬레아노 뽀르 아끼

▶ 가볍게 식사를 하고 싶은데요.

Me gustaría comer algo ligero.

메 구스따리아 꼬메르 알고 리헤로

▶ 이 시간에 문을 연 가게는 있습니까?

¿Hay alguna tienda abierta a esta hora?

아이 알구나 띠엔다 아비에르따 아 에스따 오라

Voca restaurante 식당 ligero 가벼운

식당을 예약할 때

손님이 몇 명인지 묻는 질문은 ¿Cuántos sois?, ¿Cuántas personas son? 등이 있다. 이에 대한 응답으로는 Somos dos. "두 명입니다."처럼 somos 숫자로 간단하게 답할 수 있다.

▶ 예약이 필요한가요?

¿Es necesario hacer una reserva?

에스 네쎄사리오 아쎄르 우나 레쎄르바

▶ 그 레스토랑을 예약해 주세요.

Por favor, reserve una mesa en ese restaurante.

뽀르 빠보르 레쎄르베 우나 메사 엔 에쎄 레스따우란떼

▶ 여기서 예약할 수 있나요?

¿Puedo hacer una reserva aquí?

뿌에도 아쎄르 우나 레쎄르바 아끼

▶ 손님은 몇 분이십니까?

¿Cuántas personas son?

꾸안따스 뻬르소나스 쏜

▶ 어떤 이름으로 예약하셨나요?

¿A nombre de quién está la reserva?

아 놈브레 데 끼엔 에스따 라 레쎄르바

Voca reserva 예약 mesa 테이블

음식을 주문받을 때

스테이크 익힘 정도에 따라서 3단계 정도로 구분한다. poco hecho (레어), a punto (미디엄), bien hecho (웰던) 뒤에 por favor를 붙이면 주문이 된다.

▶ 주문을 받아도 될까요?

¿Está listo para pedir?

에스따 리스또 빠라 뻬디르

▶ 요리는 어떻게 익혀 드릴까요?

¿Cómo desea el punto de cocción de su plato?

꼬모 데쎄아 엘 분또 데 꼬시온 데 수 쁠라또

▶ 마실 것은 무엇으로 하시겠습니까?

¿Qué quiere para beber?

께 끼에레 빠라 베베르

▶ 다른 주문은 없습니까?

¿Algo más?

알고 마스

▶ 디저트는 어떻게 하시겠습니까?

¿Qué quiere de postre?

께 끼에레 데 뽀스뜨레

Voca pedido 주문 punto de cocción 익힘 정도

음식을 주문할 때

스페인 로컬 식당에는 menú del día라는 식사문화가 있다. "오늘의 메뉴"라는 뜻으로, 주로 점심시간에 제공되는 세트메뉴이다. 보통 에피타이저+메인 요리+디저트로 구성되며 가격도 합리적이고 가성비가 좋아 현지인과 관광객 모두에게 환영 받는다.

▶ 메뉴 좀 볼 수 있을까요?

¿Podría ver el menú?

뽀드리아 베르 엘 메누

▶ 주문을 하고 싶은데요.

Quiero hacer un pedido.

끼에로 아쎄르 운 뻬디도

▶ 이걸 부탁합니다.

Quiero esto, por favor.

끼에로 에스또 뽀르 빠보르

▶ 이것과 이것으로 주세요. (메뉴를 가리키며)

Quiero este y este, por favor.

끼에로 에스떼 이 에스떼 뽀르 빠보르

▶ 무엇이 빨리 됩니까?

¿Qué se prepara más rápido?

께 쎄 쁘레빠라 마스 라삐도

Voca menú 메뉴 prepararse 준비되다

필요한 것을 부탁할 때

식기에 관한 표현을 알아보자. plato "접시", copa "컵", vaso "물잔", cuchara "숟가락", tenedor "포크", cuchillo "나이프", servilleta "냅킨" 등이 있다.

▶ 빵을 좀 더 주실래요?

¿Podría darme un poco más de pan?

보드리아 다르메 운 뽀꼬 마스 데 빤

▶ 디저트 메뉴는 있습니까?

¿Tienen menú de postre?

띠에넨 메누 데 뽀스뜨레

▶ 물 한 잔 주세요.

Un vaso de agua, por favor.

운 바소 데 아구아 뽀르 빠보르

▶ 나이프[포크]를 떨어뜨렸습니다.

He tirado el cuchillo[tenedor].

에 띠라도 엘 꾸치요[떼네도르]

▶ ~을 추가로 부탁합니다.

Quiero pedir~más.

끼에로 뻬디르~마스

Voca pan 빵 postre 후식

주문에 문제가 있을 때

주문에 문제가 있는 경우, 직접적이거나 무례하게 말하기보다는 disculpe와 같은 표현을 사용하여 정중하게 말하는 것이 좋다. 대부분의 식당에서는 문제를 바로 고쳐주거나 대체 음식을 제공하니 감정을 내세우기보다 침착하게 대응하는 표현들을 알아보자.

▶ 아직 시간이 많이 걸립니까?

¿Falta mucho tiempo todavía?

빨따 무초 띠엠뽀 또다비아

▶ 주문한 음식이 아직 안 나왔습니다.

La comida que pedí aún no ha llegado.

라 꼬미다 께 뻬디 아운 노 아 예가도

▶ 주문한 것 어떻게 된 거죠?

¿Qué ha pasado con mi pedido?

께 아 빠사도 꼰 미 뻬디도

▶ 서비스가 늦군요.

El servicio es muy lento.

엘 쎄르비시오 에스 무이 렌또

▶ 이건 주문하지 않았습니다.

Esto no lo he pedido.

에스또 노 로 에 뻬디도

Voca faltar tiempo 시간이 남다 lento 느린

음식에 문제가 있을 때

traer와 llevar는 둘 다 "가져오다", "데려오다"라는 뜻이 있다. 하지만 쓰임과 방향을 구분해야 한다. traer는 "여기로 가져오다"에 가깝고, llevar는 "저쪽으로 가져가다"에 가깝다. ¿Puedes traerme un vaso de agua? "내게 물 한잔 가져다줄래?"/Voy a llevar este paquete a la oficina. "나는 이 소포를 사무실로 가져갈거야."

▶ 다시 가져다주시겠어요?

¿Podría traérmelo de nuevo?

뽀드리아 뜨라에르멜로 데 누에보

▶ 수프에 뭐가 들어 있어요.

Hay algo dentro de la sopa.

아이 알고 덴뜨로 데 라 쏘빠

▶ 음식에 이상한 것이 들어 있어요.

Hay algo extraño en la comida.

아이 알고 엑스뜨라뇨 엔 라 꼬미다

▶ 이 고기는 충분히 익지 않았는데요.

Esta carne no está bien cocida.

에스따 까르네 노 에스따 비엔 꼬씨다

▶ 좀 더 구워 주시겠어요?

¿Podría asarla un poco más?

뽀드리아 아싸르라 운 뽀꼬 마스

Voca traer 가져오다 sopa 수프

식사를 마칠 때

"식탁을 차리다"와 "식탁을 치우다"는 각각 poner la mesa, quitar le mesa라고 한다.

▶ 다른 것을 더 드시겠습니까?

¿Quiere algo más?

끼에레 알고 마스

▶ 그밖에 다른 것은요?

¿Algo más apartee de eso?

알고 마스 아빠르떼 데 에소

▶ 식탁 좀 치워 주시겠어요?

¿Podría quitar la mesa, por favor?

뽀드리아 끼따르 라 메사 뽀르 빠보르

▶ 테이블 위에 물 좀 닦아 주시겠어요?

¿Podría limpiar el agua de la mesa?

뽀드리아 림삐아르 엘 아구아 데 라 메사

▶ 이 접시들 좀 치워 주시겠어요?

¿Podría llevarse estos platos, por favor?

뽀드리아 예바르쎄 에스또스 쁠라또스 뽀르 빠보르

Voca recoger la mesa 상을 치우다 limpiar 청소하다

식비를 계산할 때

"더치페이"를 표현하는 방법은 다음과 같다. pagar a escote, dividir la cuenta, cada uno paga lo suyo.

▶ 계산서를 부탁합니다.

La cuenta, por favor.

라 꾸엔따 뽀르 빠보르

▶ 지금 지불할까요?

¿Pago ahora?

빠고 아오라

▶ 각자 계산하기로 합시다, 어때요?

¿Qué le parece si pagamos a escote?

께 레 빠레쎄 씨 빠가모스 아 에스꼬떼

▶ 이번에는 내가 사죠.

Esta vez invito yo.

에스따 베스 인비또 요

▶ 따로따로 지불을 하고 싶은데요.

Queremos pagar a escote.

께레모스 빠가르 아 에스꼬떼

Voca cuenta 계산서 invitar 초대하다, 한턱내다

먹고 갈거면 para comer aquí "여기서 먹겠습니다"라고 말하면 되고, 테이크아웃을 할거면 para llevar "가져갈게요"라고 말하면 된다.

▶ 이 근처에 패스트푸드점은 있습니까?

¿Hay algún restaurante de comida rápida cerca de aquí?

아이 알군 레스따우란떼 데 꼬미다 라삐다 쎄르까 데 아끼

▶ 주문하시겠어요?

¿Quiere pedir?

끼에레 뻬디르

▶ 2번 메뉴로 주세요.

El menú número 2, por favor.

엘 메누 누메로 도스 뽀르 빠보르

▶ 어느 사이즈로 하시겠습니까?

¿Qué tamaño desea?

께 따마뇨 데쎄아

▶ 여기서 드실 건가요, 가지고 가실 건가요?

¿Lo va a tomar aquí o para llevar?

로 바 아 또마르 아끼 오 빠라 예바르

Voca comida rápida 패스트푸드 tamaño 사이즈, 크기

05 관광을 할 때

관광 안내소는 무료 시내지도, 지하철, 버스 노선도 등이 구비되어 있으므로 정보 수집에 용이하다. 미술관이나 박물관은 휴관일을 확인하고 나서 일정을 잡는 것이 좋다. 요일에 따라서 개관을 연장하거나 할인요금이나 입장료가 달라지는 곳도 있으므로 가이드북이나 인터넷을 보고 확인하자. 교회나 성당은 관광지이기 전에 신성한 종교건물이므로 들어갈 때 정숙하지 못한 복장이나 소란을 삼가야 한다.

Día 334 — 관광 안내소에서

관광과 관련된 표현을 알아보자. turismo "관광", turista "관광객", turístico "관광의", viaje "여행", viajero "여행객" 등이 있다.

▶ 관광 안내소는 어디에 있습니까?

¿Dónde está la oficina de información turística?

돈데 에스따 라 오삐씨나 데 인뽀르마시온 뚜리스띠까

▶ 관광 안내 책자를 하나 주시겠어요?

¿Podría darme un folleto turístico?

뽀드리아 다르메 운 뽀예또 뚜리스띠꼬

▶ 무료 시내 지도 있습니까?

¿Tiene un plano de la ciudad gratuito?

띠에네 운 쁠라노 데 라 씨우달 그라뚜이또

▶ 관광 지도 좀 주시겠어요?

¿Podría darme un mapa turístico, por favor?

뽀드리아 다르메 운 마빠 뚜리스띠꼬 뽀르 빠보르

Voca folleto turístico 관광 안내 책자 gratuito 무료의

투어를 이용할 때

여행을 하다보면 "~까지 가는 데 시간이 얼마나 걸리나요?"라는 표현을 자주 쓰게 된다. 이럴 때 쓰는 기본 구문은 ¿Cuánto se tarda en llegar a 장소?이다. 이미 대화 중에 있고 간단하게 물으려면 ¿Cuánto tarda? 라고 말할 수 있다.

▶ 어떤 투어가 있습니까?

¿Qué tipo de visitas guiadas hay?

께 띠뽀 데 비시따스 기아다스 아이

▶ 관광 버스 투어는 있습니까?

¿Hay tours en autobús turístico?

아이 뚜르스 엔 아우또부스 뚜리스띠꼬

▶ 투어는 매일 있습니까?

¿Se hacen visitas todos los días?

쎄 아쎈 비시따스 또도스 로스 디아스

▶ 오전 코스는 있습니까?

¿Hay visitas por la mañana?

아이 비시따스 뽀르 라 마냐나

▶ 투어는 몇 시간 걸립니까?

¿Cuánto dura la visita?

꾸안또 두라 라 비시따

Voca visita, tour 관광 durar 걸리다, 지속되다

관광 버스 안에서

baño는 "화장실"이라는 뜻도 있고 "목욕"이라는 뜻도 있다. ¿Dónde está el baño? "화장실이 어딘가요?"/Voy a tomar un baño. "나 목욕할 거야."

▶ 지금 어디로 가고 있습니까?

¿A dónde vamos ahora?

아 돈데 바모스 아오라

▶ 저것은 무엇입니까?

¿Qué es eso?

께 에스 에소

▶ 저것은 무슨 강입니까?

¿Qué río es ese?

께 리오 에스 에세

▶ 저것은 무슨 산입니까?

¿Qué montaña es esa?

께 몬따냐 에스 에사

▶ 차 안에 화장실이 있습니까?

¿Hay un baño en el coche?

아이 운 바뇨 엔 엘 꼬체

Voca   río 강   montaña 산

입장권을 구입할 때

여행 중 정말 유용하고 꼭 사용하는 표현은 "얼마에요?"다. ¿Cuánto cuesta esto? "이건 얼마인가요?"라는 표현을 사용해보자.

▶ 티켓은 어디서 삽니까?

¿Dónde se venden los billetes?

돈데 쎄 벤덴 로스 비예떼스

▶ 입장료는 유료입니까?

¿La entrada es de pago?

라 엔뜨라다 에스 데 빠고

▶ 입장료는 얼마입니까?

¿Cuánto cuesta la entrada?

꾸안또 꾸에스따 라 엔뜨라다

▶ 어른 2장 주세요.

Dos entradas para adultos, por favor.

도스 엔뜨라다스 빠라 아둘또스 뽀르 빠보르

▶ 단체 할인은 해줍니까?

¿Ofrecen descuento para grupos?

오쁘레쎈 데스꾸엔또 빠라 그루뽀스

Voca billete 티켓 entrada 입장권

관광지에서

관광지에서 알아둬야 할 단어들을 알아보자. entrada "입장권"/horario "운영 시간"/guía turístico "관광 가이드"/recuerdo "기념품"/catedral "성당"/museo "박물관" 등이 있다.

▶ 정말 아름다운 경치군요!

¡Qué paisaje tan hermoso!

께 빠이싸헤 딴 에르모소

▶ 전망이 기가 막히군요!

¡La vista es impresionante!

라 비스따 에스 임쁘레시오난떼

▶ 저 조각상은 뭐죠?

¿Qué es esa escultura?

께 에스 에사 에스꿀뚜라

▶ 이게[저게] 뭐죠?

¿Qué es esto[eso]?

께 에스 에스또[에소]

▶ 저게 뭔지 아세요?

¿Sabe qué es eso?

사베 께 에스 에소

Voca paisaje 경치 escultura 조각상

descuento는 할인이라는 의미의 단어이다. 이 외에도 porcentaje de descuento "할인율", descuento por pago en efectivo "현금 할인", tienda de descuentos "할인 매장", entrada con descuento "할인 티켓", descuento especial "특별 할인", precio con descuento "할인가" 등의 표현이 있다.

▶ 이 티켓으로 모든 전시를 볼 수 있습니까?

¿Puedo ver todas las exposiciones con este billete?

뿌에도 베르 또다스 라스 엑스보시시오네스 꼰 에스떼 비예떼

▶ 무료 팸플릿은 있습니까?

¿Tienen folletos gratuitos?

띠에넨 뽀예또스 그라뚜이또스

▶ 짐을 맡길 수 있을까요?

¿Podría guardar mi equipaje?

뽀드리아 과르다르 미 에끼빠헤

▶ 관내를 안내할 가이드는 있습니까?

¿Hay una guía para recorrer el lugar?

아이 우나 기아 빠라 레꼬레르 엘 루가르

▶ 재입관할 수 있습니까?

¿Puedo volver a entrar?

뿌에도 볼베르 아 엔뜨라르

Voca exposición 전시회 equipaje 짐

사진 촬영을 허락받을 때

사진을 찍다라고 말할 때, "찍다"에 해당하는 동사는 sacar, tomar가 있다. tomar/sacar una foto가 "사진을 찍다"라는 의미이다. 반면, 동영상을 찍다에서 "찍다"는 grabar라는 다른 동사가 쓰인다. grabar un vídeo가 "동영상을 찍다"이다.

▶ 여기서 사진을 찍어도 됩니까?

¿Puedo tomar fotos aquí?

뿌에도 또마르 보또스 아끼

▶ 여기서 플래시를 터뜨려도 됩니까?

¿Puedo usar el flash aquí?

뿌에도 우사르 엘 쁠래시 아끼

▶ 비디오 촬영을 해도 됩니까?

¿Puedo grabar en vídeo?

뿌에도 그라바르 엔 비데오

▶ 당신 사진을 찍어도 되겠습니까?

¿Puedo tomarle una foto?

뿌에도 또마를레 우나 보또

▶ 함께 사진을 찍으시겠습니까?

¿Quiere hacerse una foto conmigo?

끼에레 아쎄르세 우나 보또 꼰미고

Voca tomar fotos 사진을 찍다 grabar 촬영하다, 녹화하다

사진 촬영을 부탁할 때

사진을 찍을 때 우리나라에서는 "김치", 영어권에서는 "치즈"라고 하면서 자연스레 웃는 표정을 유도한다. 스페인에서는 ¡Patata!라고 외친다.

▶ 제 사진을 찍어 주시겠어요?

¿Podría tomarme una foto, por favor?

뽀드리아 또마르메 우나 뽀또 뽀르 빠보르

▶ 저희들 사진 좀 찍어 주시겠어요?

¿Podría tomarnos una foto, por favor?

뽀드리아 또마르노스 우나 뽀또 뽀르 빠보르

▶ 한 장 더 부탁합니다.

Una más, por favor.

우나 마스 뽀르 빠보르

▶ 나중에 사진을 보내 드리겠습니다.

Le enviaré la foto más tarde.

레 엔비아레 라 뽀또 마스 따르데

Voca   enviar 보내다

현상·인화를 부탁할 때

"사진을 인화하다"라고 말할 때 "인화하다"에 해당하는 동사는 imprimir이다. 이와 같이 외울 수 있는 단어로는 프린터기를 뜻하는 impresora이다.

▶ 필름은 있습니까?

Tienes carretes de fotos?

띠에네스 까레떼스 데 뽀또스

▶ 건전지는 어디서 살 수 있나요?

¿Dónde puedo comprar pilas?

돈데 뿌에도 꼼쁘라르 삘라스

▶ 이것을 현상해 주시겠어요?

¿Podría revelarme este carrete, por favor?

뽀드리아 레벨라르메 에스떼 까레떼 뽀르 빠보르

▶ 인화를 해 주시겠어요?

¿Podría imprimir estas fotos, por favor?

뽀드리아 임쁘리미르 에스따스 뽀또스 뽀르 빠보르

▶ 언제 됩니까?

¿Cuándo estará listo?

꾸안도 에스따라 리스또

Parte 7 요긴 표현

Voca carrete de fotos 사진 필름 pila 건전지

쇼핑을 하러 갔을 때, 점원이 ¿Qué buscas? "무엇을 찾으시나요?"라고 물어 봤는데, 나는 그냥 둘러보고 있었을 때는 다음과 같이 답한다. Solo estoy viendo, gracias. "전 그냥 보고 있어요, 고마워요." 만약 말을 걸었는데 대답하지 않고 무시한다면 상대에게 실례가 될 수 있으니 주의하자.

Día 343 · 쇼핑센터를 찾을 때

recuerdo는 "기념품"이라는 의미를 지닌 단어이지만, 원뜻은 "기억", "추억"이다.

▶ 쇼핑센터는 어디에 있습니까?

¿Dónde está el centro comercial?

돈데 에스따 엘 쎈뜨로 꼬메르씨알

▶ 쇼핑 가이드는 있나요?

¿Tiene una guía de compras?

띠에네 우나 기아 데 꼼쁘라스

▶ 선물은 어디서 살 수 있습니까?

¿Dónde puedo comprar recuerdos?

돈데 뿌에도 꼼쁘라르 레꾸에르도스

▶ 면세점은 있습니까?

¿Hay tiendas libres de impuestos?

아이 띠엔다스 리브레스 데 임뿌에스또스

Voca centro comercial 쇼핑센터 tienda libre de impuestos 면세점

매장을 찾을 때

층을 말할 때에는 서수를 사용한다. 많이 쓰는 5까지의 서수를 알아보자. primero "첫 번째의", segundo "두 번째의", tercero "세 번째의", cuarto "네 번째의", quinto "다섯 번째의". 하지만 층을 말할 때 명사 planta는 여성명사이기에 primera planta처럼 성수일치를 해주어야 한다. 그리고 스페인에서 1층은 planta baja라고 하고 primera planta는 우리나라의 2층에 해당한다.

▶ 매장 안내소는 어디입니까?

¿Dónde está el mostrador de información?

돈데 에스따 엘 모스뜨라도르 데 인보르마시온

▶ 장난감은 어디서 팝니까?

¿Dónde venden juguetes?

돈데 벤덴 후게떼스

▶ 남성복은 몇 층에 있습니까?

¿En qué planta está la sección de ropa de hombre?

엔 께 쁠란따 에스따 라 셀렉씨온 데 로빠 데 옴브레

▶ 가장 가까운 식료품점은 어디에 있습니까?

¿Dónde está la tienda de comestibles más cercana?

돈데 에스따 라 띠엔다 데 꼬메스띠블레스 마스 쎄르까나

▶ 세일은 어디서 하고 있습니까?

¿Dónde están las rebajas?

돈데 에스딴 라스 레바하스

Voca mostrador de información 안내소 juguete 장난감

물건을 찾을 때

의복 관련 표현들도 알아보자. camisa "셔츠", camiseta "티셔츠", blusa "블라우스", pantalones "바지", jeans/vaqueros "청바지", falda "치마", chaqueta "자켓", abrigo "코트", jersey "스웨터", traje "양복", corbata "넥타이"

▶ 여기 잠깐 봐 주시겠어요?

¿Podría echarle un vistazo, por favor?

뽀드리아 에차를레 운 비스따소 뽀르 빠보르

▶ 블라우스를 찾고 있습니다.

Estoy buscando una blusa.

에스또이 부스깐도 우나 블루사

▶ 운동화를 사고 싶은데요.

Quiero comprar unas zapatillas deportivas.

끼에로 꼼쁘라르 우나스 사빠띠야스 데뽀르띠바스

▶ 아내에게 선물할 것을 찾고 있습니다.

Estoy buscando algo para regalarle a mi esposa.

에스또이 부스깐도 알고 빠라 레갈라를레 아 미 에스뽀사

▶ 선물로 적당한 것은 없습니까?

¿No tiene algo adecuado para regalar?

노 띠에네 알고 아데꾸아도 빠라 레갈라르

Voca echar un vistazo 잠깐 보다 zapatillas deportivas 운동화

"이 상품은 재고가 있어요"는 Tenemos este producto en stock이라고 한다. 반면 품절일 경우에는 Este producto está agotado라고 하거나 No tenemos este producto en stock이라고도 한다.

▶ 다른 것을 보여 주시겠어요?

¿Podría enseñarme otro?

뽀드리아 엔세냐르메 오뜨로

▶ 잠깐 다른 것을 보겠습니다.

Voy a echar un vistazo a otras cosas.

보이 아 에차르 운 비스따소 아 오뜨라스 꼬사스

▶ 이 물건 있습니까?

¿Tiene este artículo?

띠에네 에스떼 아르띠꿀로

▶ 저희 상품들을 보여 드릴까요?

¿Quiere que le enseñe nuestros productos?

끼에레 께 레 엔쎄녜 누에스뜨로스 쁘로둑또스

▶ 마음에 드는 게 없군요.

Nada me convence.

나다 메 꼰벤세

Voca artículo/producto 물건

다양한 색상 표현도 알아보자. rojo "빨강", azul "파랑", amarillo "노랑", verde "초록", negro "검정", blanco "흰색", naranja "주황".

▶ 무슨 색이 있습니까?

¿Qué colores tiene?

께 꼴로레스 띠에네

▶ 너무 화려[수수]합니다.

Es demasiado llamativo[sobrio].

에스 데마시아도 야마띠보[쏘브리오]

▶ 더 화려한 것은 있습니까?

¿Tiene algo más llamativo?

띠에네 알고 마스 야마띠보

▶ 이 색은 좋아하지 않습니다.

Este color no me gusta.

에스떼 꼴로르 노 메 구스따

▶ 무늬가 없는 것은 없습니까?

¿No tiene algo sin estampado?

노 띠에네 알고 씬 에스땀빠도

Voca color 색상 llamativo 화려한, 눈에 띄는

사이즈를 고를 때

"사이즈"의 의미로는 talla와 tamaño 두 단어가 있다. 옷 사이즈는 talla 라고 한다. tamaño는 물건의 사이즈 즉, 부피나 크기를 말한다. El tamaño de la caja es grande. "상자 크기가 큽니다."

▶ 어떤 사이즈를 찾으십니까?

¿Qué talla está buscando?

께 따야 에스따 부스깐도

▶ 사이즈는 이것뿐입니까?

¿Solo tiene esta talla?

쏠로 띠에네 에스따 따야

▶ 제 사이즈를 모르겠는데요.

No sé cuál es mi talla.

노 쎄 꾸알 에스 미 따야

▶ 더 큰 것은 있습니까?

¿Tiene una talla más grande?

띠에네 우나 따야 마스 그란데

▶ 더 작은 것은 있습니까?

¿Tiene una talla más pequeña?

띠에네 우나 따야 마스 뻬께냐

Voca talla (의류) 사이즈 grande 큰 pequeño 작은

사이즈가 맞지 않을 때

"옷이 맞다"라고 말할 때 quedar 동사를 쓴다. 옷(주어)+간접목적격 대명사+quedar(동사)+형용사 구조다. 이때 주어가 뒤로 빠질 수도 있다. Te quedan muy bien esos zapatos. "그 신발들이 너한테 아주 잘 맞아."

▶ 이 재킷은 제게 맞지 않습니다.

Esta chaqueta no me queda bien.

에스따 차께따 노 메 께다 비엔

▶ 조금 큰 것 같군요.

Creo que es un poco grande.

끄레오 께 에스 운 뽀꼬 그란데

▶ 너무 큽니다.

Me queda demasiado grande.

메 께다 데마시아도 그란데

▶ 너무 적습니다.

Me queda pequeño.

메 께다 뻬께뇨

▶ 너무 꽉 낍니다.

Me aprieta demasiado.

메 아쁘리에따 데마시아도

Voca chaqueta 자켓 apretar 꽉 조이다

품질을 물을 때

hacer는 "하다"라는 뜻이 가장 흔하지만, "만들다"라는 뜻도 있다. 따라서 Made in~이라는 표현은 스페인어로 hecho en~이다. Made in Korea = Hecho en Corea

▶ 재질은 무엇입니까?

¿De qué material es?

데 께 마떼리알 에스

▶ 미국 제품입니까?

¿Es un producto de Estados Unidos?

에스 운 쁘로둑또 데 에스따도스 우니도스

▶ 이건 실크 100%입니까?

¿Es 100% seda?

에스 씨엔 뽀르씨엔또 쎄다

▶ 이건 수제품입니까?

¿Está hecho a mano?

에스따 에초 아 마노

▶ 이건 무슨 향입니까?

¿Qué fragancia tiene?

께 쁘라간시아 띠에네

Voca material 재료 seda 실크 hecho a mano 손으로 만든

물건 값을 흥정할 때

흥정할 때 다음과 같은 표현들을 쓸 수 있다. ¿Me puede hacer un descuento? "할인 좀 해주실 수 있나요?"/¿Me lo deja más barato? "좀 더 싸게 주실 수 있나요?"/No tengo mucho dinero. "저 돈 얼마 없어요."

▶ 너무 비쌉니다.

Está demasiado caro.

에스따 데마시아도 까로

▶ 깎아 주시겠어요?

¿Podría rebajarlo?

뽀드리아 레바하를로

▶ 더 싼 것은 없습니까?

¿No tiene algo más barato?

노 띠에네 알고 마스 바라또

▶ 깎아 주면 사겠습니다.

Si lo rebaja, lo compraré.

씨 로 레바하 로 꼼쁘라레

▶ 현금으로 지불하면 더 싸게 됩니까?

¿Es más barato si pago en efectivo?

에스 마스 바라또 씨 빠고 엔 에뻭띠보

Voca   caro 비싼 rebajar 깎다, 할인하다 barato 싼

값과 지불 방법을 물을 때

카드로 계산할 때와 현금으로 계산할 때는 각각 pagar con tarjeta/ pagar en efectivo라고 한다. 이때 두 표현에서 쓰이는 전치사가 다르 니 주의하자.

▶ 이건 얼마입니까?

¿Cuánto cuesta esto?

꾸안또 꾸에스따 에스또

▶ 하나에 얼마입니까?

¿Cuánto cuesta cada uno?

꾸안또 꾸에스다 까다 우노

▶ 전부 해서 얼마나 됩니까?

¿Cuánto es todo?

꾸안또 에스 또도

▶ 세금이 포함된 가격입니까?

¿Está incluido el impuesto en el precio?

에스따 인끌루이도 엘 임부에스또 엔 엘 쁘레시오

▶ 카드도 됩니까?

¿Puedo pagar con tarjeta?

뿌에도 빠가르 꼰 따르헤따

Voca incluir 포함하다 precio 가격

구입을 결정하고 계산할 때

"이걸로 하겠습니다"는 스페인어로 다양하게 표현할 수 있다. Me lo llevo/Lo voy a comprar/Me quedo con esto/Quiero comprar esto/Voy a llevarme esto 등 다양한 표현을 활용해보자.

▶ 이걸로 하겠습니다.

Me lo llevo.

메 로 예보

▶ 어디서 계산을 하죠?

¿Dónde puedo pagar?

돈데 뿌에도 빠가르

▶ 이것도 좀 계산해 주시겠어요?

¿Puede cobrarme también esto?

뿌에데 꼬브라르메 땀비엔 에스또

▶ 거스름돈이 모자라는 것 같군요.

Parece que no hay suficiente cambio.

빠레쎄 께 노 아이 수삐씨엔떼 깜비오

▶ 거스름돈을 더 주셨습니다.

Me ha dado más cambio.

메 아 다도 마스 깜비오

Voca cobrar 돈을 받다 cambio 거스름돈

포장을 원할 때

선물과 포장에 관한 다양한 표현들도 익혀두자. regalo "선물", regalar "선물하다", envolver "포장하다", papel de regalo "포장지", cinta "리본", caja "상자", bolsa de regalo "선물용 봉투", sorpresa "깜짝 선물"

▶ 봉지를 주시겠어요?

¿Me puede dar una bolsa?

메 뿌에데 다르 우나 볼사

▶ 이걸 선물용으로 포장해 주시겠어요?

¿Puede envolver esto como regalo?

뿌에데 엔볼베르 에스또 꼬모 레갈로

▶ 따로따로 포장해 주세요.

Por favor, envuélvalo por separado.

뽀르 빠보르 엔부엘발로 뽀르 쎄빠라도

▶ 이거 넣을 박스 좀 얻을 수 있나요?

¿Puedo conseguir una caja para esto?

뿌에도 꼰세기르 우나 까하 빠라 에스또

▶ 이거 포장할 수 있나요? 우편으로 보내고 싶은데요.

¿Se puede envolver esto? Quiero enviarlo por correo.

쎄 뿌에데 엔볼베르 에스또 끼에로 엔비아를로 뽀르 꼬레오

Voca envolver 포장하다 caja 상자

배달을 원할 때

배달 서비스는 이제 어플로 많이 이뤄진다. 스페인에서 자주 쓰는 배달 어플로는 Just Eat, Glovo, Uber Eats, GoDelivery 등이 있으니 여행을 갔을 때 배달을 할 일이 생기면 사용해보자.

▶ 이걸 ○○호텔까지 갖다 주시겠어요?

¿Podría llevar esto hasta el ○○ hotel?

보드리아 예바르 에스또 아스따 엘 ○○ 오뗄

▶ 언제 배달해 주시겠습니까?

¿Cuándo lo entregará?

꾸안도 로 엔뜨레가라

▶ 별도로 요금이 듭니까?

¿Hay un cargo extra?

아이 운 까르고 엑스뜨라

▶ 이 카드와 함께 보내주세요.

Envíelo con esta tarjeta, por favor.

엔비엘로 꼰 에스따 따르헤따 뽀르 빠보르

▶ 이 주소로 보내주세요.

Envíelo a esta dirección, por favor.

엔비엘로 아 에스따 디렉시온 뽀르 빠보르

Voca   cargo 요금   enviar 보내다

해외배송 관련 용어도 익혀두자. envío internacional "해외/국제배송", enviar "보내다", paquete "소포", destinatario "수신인", remitente "발신인", aduana "세관", arancel "관세", factura "송장", retraso en el envío "배송지연"

▶ 이 가게에서 한국으로 발송해 주시겠어요?

¿Podría enviarlo desde esta tienda a Corea?

뽀드리아 엔비아를로 데스데 에스따 띠엔다 아 꼬레아

▶ 한국 제 주소로 보내주시겠어요?

¿Podría enviarlo a mi dirección en Corea?

뽀드리아 엔비아를로 아 미 디렉시온 엔 꼬레아

▶ 항공편[선편]으로 부탁합니다.

Lo enviaré por vía aérea[marítima], por favor.

로 엔비아레 보르 비아 아에레아[마리띠마] 보르 빠보르

▶ 한국까지 항공편으로 며칠 정도 걸립니까?

¿Cuántos días tomará el envío por vía aérea a Corea?

꾸안또쓰 디아스 또마라 엘 엔비오 보르 비아 아에레아 아 꼬레아

▶ 항공편으로 얼마나 듭니까?

¿Cuánto cuesta el envío por vía aérea?

꾸안또 꾸에스따 엘 엔비오 보르 비아 아에레아

Voca vía aérea 항공편 envío 배송

교환을 원할 때

cambiar는 "바꾸다", "교환하다"의 의미를 지닌 동사이다. 이때 cambiar A por B는 "A를 B로 바꾸다"이니 이 구조를 잘 기억하고 활용하자. Quiero cambiar este libro por otro. "저는 이 책을 다른 책으로 바꾸고 싶어요."

▶ 다른 것으로 바꿔 주시겠어요?

¿Puede cambiarlo por otro?

뿌에데 깜비아를로 뽀르 오뜨로

▶ 깨져 있습니다.

Está roto.

에스따 로또

▶ 찢어져 있습니다.

Está rasgado.

에스따 라스가도

▶ 사이즈가 안 맞아요.

No me queda bien.

노 메 께다 비엔

▶ 여기에 얼룩이 있습니다.

Tiene una mancha aquí.

띠에네 우나 만차 아끼

Voca cambiar 바꾸다, 교환하다 roto 깨진 mancha 얼룩

반품·환불을 원할 때

상품에 결함이 있을 때 다음과 같이 표현한다. Este producto está defectuoso/dañado. "이 제품에 문제가 있어요."/Este artículo no funciona. "이 제품은 작동하지 않아요."

▶ 반품하고 싶은데요.

Quiero devolver esto.

끼에로 데볼베르 에스또

▶ 아직 쓰지 않았습니다.

Todavía no lo he usado.

또다비아 노 로 에 우사도

▶ 가짜가 하나 섞여 있었습니다.

Había uno falso entre ellos.

아비아 우노 빨소 엔뜨레 에요스

▶ 영수증은 여기 있습니다.

Aquí tiene el recibo.

아끼 띠에네 엘 레씨보

▶ 수리해 주시든지 환불해 주시겠어요?

¿Podría repararlo o reembolsarme el dinero, por favor?

뽀드리아 레빠라를로 오 레엠볼사르메 엘 디네로 뽀르 빠보르

Parte 7 요긴한 표현

Voca devolver 반품하다, 돌려주다 reembolsar 환불하다

여행을 간다면 꼭 들르는 곳 중 하나는 면세점이다. 면세점에서는 각 국가마다 면세 한도가 다르니 구매 한도를 꼭 확인하고 증빙이 요구될 수 있기에 영수증을 잘 챙겨야 한다. 또한, 액체류, 술, 담배 등을 구매할 때 규정을 준수해야 한다.

▶ 면세점은 어디에 있습니까?

¿Dónde está la tienda libre de impuestos?

돈데 에스따 라 띠엔다 리브레 데 임뿌에스또스

▶ 얼마까지 면세가 됩니까?

¿Hasta qué cantidad está libre de impuestos?

아스따 께 깐띠닫 에스따 리브레 데 임뿌에스또스

▶ 어느 브랜드가 좋겠습니까?

¿Qué marca me recomienda?

께 마르까 메 레꼬미엔다

▶ 이 가게에서는 면세로 살 수 있습니까?

¿Se puede comprar libre de impuestos en esta tienda?

쎄 뿌에데 꼼쁘라르 리브레 데임뿌에스또스 엔 에스따 띠엔다

▶ 여권을 보여 주시겠어요?

¿Podría mostrarme su pasaporte, por favor?

뽀드리아 모스뜨라르메 수 빠싸뽀르떼 뽀르 빠보르

Voca marca 브랜드 pasaporte 여권

짐이 늘어난 경우 초과 요금을 지불해야 한다. 가능하면 초과되지 않는 범위 내에서 짐을 기내로 가지고 가는 것이 좋다. 시간적 여유가 있을 때 사지 못한 선물이 있다면 면세점에서 구입한다.

Día 360 · 귀국편을 예약할 때

vuelo와 avión은 둘다 사전적으로 "비행기"로 나오지만 뜻과 쓰임이 다르다. veulo는 항공편의 개념이고 avión은 비행기 기체를 지칭하는 단어다.

▶ 내일 비행편을 예약할 수 있습니까?

¿Puedo reservar un vuelo para mañana?

뿌에도 레쎄르바르 운 부엘로 빠라 마냐나

▶ 가능한 한 빠른 편이 좋겠군요.

Prefiero el vuelo más pronto posible.

쁘레삐에로 엘 부엘로 마스 쁘론또 뽀시블레

▶ 다른 비행편은 없습니까?

¿No hay otro vuelo disponible?

노 아이 오뜨로 부엘로 디스뽀니블레

▶ 직행편입니까?

¿Es un vuelo directo?

에스 운 부에로 디렉또

Voca reserva 예약 vuelo 비행편

예약을 재확인할 때

한국에서 떠날 때 예약해 둔 경우에는 미리 전화나 어플, 인터넷을 통해 예약을 재확인하는 것이 좋다. 공항에서는 여유있게 2~3시간 전에 체크인하는 것이 바람직하다.

▶ 예약 재확인을 하고 싶은데요.

Quiero reconfirmar mi reserva.

끼에로 레꼰삐르마르 미 레쎄르바

▶ 몇 시에 출발하는지 확인하고 싶은데요.

Quiero confirmar la hora de salida.

끼에로 꼰삐르마르 라 오라 데 쌀리다

▶ 예약을 재확인했습니다.

He reconfirmado la reserva.

에 꼰삐르마도 라 레쎄르바

▶ 확인해 보겠습니다.

Voy a comprobarlo.

보이 아 꼼쁘로바를로

Voca reconfirmar 재확인하다 hora de salida 출발시간

항공편을 변경 및 취소할 때

예약이 꽉찼을 때는 La reserva está completa./No hay disponibilidad./Está todo reservado. 등의 표현을 쓴다. 초과예약인 오버부킹을 지칭하는 말로는 영어를 그대로 차용해 overbooking이라고 한다.

▶ 일정을 변경하고 싶은데요.

Quiero cambiar mi itinerario.

끼에로 깜비아르 미 이띠네라리오

▶ 죄송합니다만, 비행편을 변경하고 싶은데요.

Disculpe, quiero cambiar mi vuelo.

디스꿀뻬 끼에로 깜비아르 미 부엘로

▶ 오후 비행기로 변경하고 싶습니다.

Quiero cambiar mi vuelo a uno por la tarde.

끼에로 깜비아르 미 부엘로 아 우노 뽀를 라 따르데

▶ 미안합니다, 그 편은 다 찼습니다.

Lo siento, ese vuelo está completo.

로 씨엔또 에쎄 부엘로 에스따 꼼쁠레또

▶ 웨이팅(대기자)으로 해 주시겠어요?

¿Podría ponerme en la lista de espera, por favor?

뽀드리아 뽀네르메 엔 라 리스따 데 에스뻬라 뽀르 빠보르

Parte 7 요한 표현

Voca itinerario 일정 lista 리스트

공항으로 이동할 때

"요금"을 의미하는 단어로는 tarifa, precio 등이 있는데 쓰임이 다르다. tarifa는 택시, 버스 등 이용 요금에 해당한다. ¿Cuál es la tarifa de taxi hasta el aeropuerto? "공항까지 택시 요금이 얼마인가요?" precio 는 상품의 가격을 뜻한다. El precio de la entrada es 20 euros. "입장료는 20유로입니다."

▶ 공항까지 부탁합니다.

Al aeropuerto, por favor.

알 아에로뿌에르또 뽀브 빠보르

▶ 짐은 몇 개입니까?

¿Cuántas maletas lleva?

꾸안따스 말레따스 예바

▶ 공항까지 어느 정도 걸립니까?

¿Cuánto se tarda en llegar al aeropuerto?

꾸안또 쎄 따르다 엔 예가르 알 아에로뿌에르또

▶ 공항까지 대충 얼마입니까?

¿Cuánto cuesta aproximadamente hasta el aeropuerto?

꾸안또 꾸에스따 아쁘록시마다멘떼 아스따 엘 아에로뿌에르또

▶ 빨리 가 주세요. 늦은 거 같네요.

Vaya rápido, por favor. Creo que voy a llegar tarde.

바야 라삐도 뽀르 빠보르 끄레오 께 보이 아 예가르 따르데

Voca aeropuerto 공항 llegar 도착하다

탑승수속을 할 때

출국 카드는 tarjeta/formulario de salida이고 입국 카드는 tarjeta/formulario de entrada이다. 이런 카드나 신고서를 작성할 때 "작성하다"는 rellenar라고 한다.

▶ 대한항공 카운터는 어디입니까?

¿Dónde está el mostrador de Korean-Air?

돈데 에스따 엘 모스뜨라도르 데 코리안에어

▶ 여기서 체크인할 수 있습니까?

¿Puedo hacer el check-in aquí?

뿌에도 아쎄르 엘 체크인 아끼

▶ 통로쪽[창쪽]으로 주세요.

Quiero un asiento de pasillo[de la ventanilla], por favor.

끼에로 운 아씨엔또 데 빠시요[데 라 벤따니야] 보르 빠보르

▶ 탑승 개시는 몇 시부터입니까?

¿A qué hora empieza el embarque?

아 께 오라 엠삐에사 엘 엠바르께

▶ 출국 카드는 어디서 받습니까?

¿Dónde puedo conseguir la tarjeta de salida?

돈데 뿌에도 꼰세기르 라 따르헤따 데 쌀리다

Voca check-in 체크인 asiento 좌석

비행기 안에서

세관 신고서에서 신고할 품목이 없다면 No tengo ningún artículo que declarar. 혹은 간단하게 No tengo nada que declarar.라고 할 수 있다.

▶ 탑승권을 보여 주시겠어요?

¿Podría mostrarme su tarjeta de embarque, por favor?

뽀드리아 모스뜨라르메 수 따르헤따 데 엠바르께 보르 빠보르

▶ 입국 카드는 가지고 계십니까?

¿Tiene la tarjeta de entrada?

띠에네 라 따르헤따 데 엔뜨라다

▶ 이것이 세관 신고서입니다.

Este es el formulario de declaración de aduana.

에스떼 에스 엘 뽀르물라리오 데 데끌라라시온 데 아두아나

▶ 인천에 언제 도착합니까?

¿A qué hora llegamos a Incheon?

아 께 오라 예가모스 아 인천

▶ 목적지는 인천입니까?

¿Nuestro destino final es Incheon?

누에스뜨로 데스띠노 삐날 에스 인천

Voca　tarjeta de embarque 탑승권　tarjeta de entrada 입국 카드